長寿社会における
高齢期きょうだい関係の
家族社会学的研究

吉原千賀 著

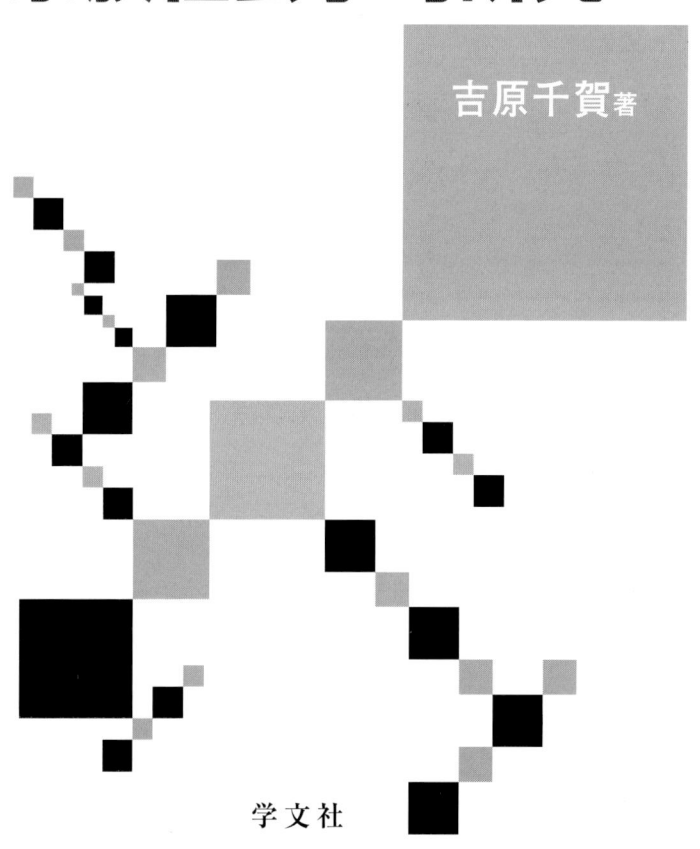

学文社

長寿社会における高齢期きょうだい関係の家族社会学的研究

吉原　千賀

はしがき

本書は，長寿化が進む現代の高齢者たちの多くが直面する「モデルなき高齢期をいかに生きるのか」という問いに，きょうだいとの「関係性の歴史」の観点からアプローチする学位論文にもとづく研究成果をまとめたものである．

　長寿高齢化・少子化社会の到来とともに，国家政策として各種取り組みが進められている．それは例えば『少子化社会白書　平成16年版』による「2005（平成17）年からの5年間が人口構成上重要な時期」との指摘にもみられるように，一方ではいわゆる団塊の世代が高齢期に突入し，もう一方ではその子ども世代である団塊ジュニア世代が出産適齢期に入るためである．白書は「この期間を逃すことなく」対策を講じる必要性を強調する．また世界に眼を向ければ，国連アジア太平洋経済社会委員会（ESCAP）主催の第5回アジア太平洋地域人口会議で高齢化がテーマとされるなど，アジアの急速な高齢化への対策が国際的にも急務である．その背景には，アジアの高齢者が世界の高齢者に占める割合が2050年には60％を超えるとの予測がある．なかでも，日本は高齢者の三世代同居や成人子との同居割合の推移では韓国と，高齢人口の女性化が顕著である点では中国との類似点が指摘されている．加えて，中国では一人っ子政策が高齢化とあわさることによる人間形成への影響が問題視されており，「長寿高齢化」と「きょうだい」という本研究のキータームに深く関わる点として注目される．

　一方，高齢者個人としては人生の総決算としての自己アイデンティティの再確認が人生課題として浮上している．Eriksonは高齢期を「人生の成熟期」と呼び，そこでの発達課題を自らの人生の再考，意味づけを通してのアイデンティティの統合であるとする．その過程では，他者との長期的な関わりの中で自らを客体化することが不可欠である．なぜなら，「高齢期をいかに生きるのか」はそこに至るまでの生き方に規定され，その生き方の軌跡はそれを知る他者との関係の中で初めて現実味をもつためである．この他者との関係における一連のプロセスに注目するのが本研究の基本的観点，すなわち「関係性の歴史」からのアプローチであり，従来の幼少期を中心にライフコース上のある一時点で

のきょうだい関係を扱った心理学的研究とは軌を異にする.

では,なぜ「きょうだい」なのか.きょうだいとは,幼少期から最も長期にわたってつきあい,同じ時代を生きてきた「時間の奥行き」をもつ家族であると同時に,個人の人生物語のスタートとルーツを共有する家族でもある.スタートやルーツは,若い頃はあまり気にも留められないかもしれない.しかし,「年月を経て,だんだんと自分の先が見えてきた時に,自分は何だったんだろうかと思う時に,ああ,やっぱり自分のルーツは親・きょうだい」と語るインフォーマントの言葉は,とりわけ高齢期においてきょうだい関係の重要性と意義が高まることを端的に示す.具体的な臨床の場面でも,きょうだい関係を「私の根っこにある人間関係」と位置づけ,「きょうだいの中の私」という視点から自分のルーツを探ってみる作業やきょうだい同士で話すことの重要性が指摘されている.

このように,高齢者にとってきょうだいとの関係は重要な家族関係である.にもかかわらず,心理学も含めてこの問題に関して我が国の研究蓄積はほとんど見当たらない.いわば,きょうだいとは「見過ごされてきた高齢者の家族」なのである.本研究はこの「見過ごされてきた問題」である高齢期のきょうだい関係を「家族」というコンテクストの中で追究する家族社会学的研究である.

本書の刊行に至るまでには,多くの方々からのご教示とお力添えをいただいた.とりわけ,家族社会学の恩師である清水新二先生(奈良女子大学生活環境学部教授)には,本書のもととなる学位論文を構成する学会誌論文の執筆過程から学位論文の審査,出版社への紹介と日本学術振興会研究成果公開促進費助成の申請というまさに本書の刊行に至るプロセス全てにおいて暖かいご指導とお力添えをいただいた.我が国においてほとんど研究蓄積のない本研究を進める中で常に突きつけられる「なぜ,今,高齢期のきょうだい関係なのか」という問いにいかに応えるのかをはじめとする研究の具体的内容についてはもちろんのこと,数々の励ましとともに研究者としての生き方をもご教示くださり,

それは私の理想とするロールモデルとなっている．先生なくして本書が生まれることはなかったし，研究者としての私の人生も始まらなかった．心より深く感謝申し上げたい．

学部生時代からの恩師であり，本書のもととなる学位論文の主任指導教授である中道實先生（奈良女子大学名誉教授，現奈良大学社会学部教授）は，我が国において先行研究の乏しいテーマをいかに研究として成立させ実証へと展開させるのかという着想段階からまさに手探りの研究プロセスにおいて大きな指針を与え，道筋をつくってくださった．この研究テーマを投げ出したくなるたびに，先生はいつも得られたデータの数値や検定結果のみにとらわれるのではなく，そこに現れてくる「社会的意味を読む」ことの重要性をご教示くださりながら励まし続けてくださった．先生からの長期にわたるご指導と支えなくしては，そもそも本研究は体をなさなかったし，私は研究者を志すこともそのスタートラインに立つことさえもできなかった．深甚なる謝意を捧げたい．

奈良女子大学大学院博士後期課程入学試験の口頭試問の場で「きょうだい関係の生涯にわたるプロセスに関心がある」と話す私に「ならばそれまでの人生の全てが現れる『高齢期の』きょうだいに焦点を当ててはどうか」と本研究の方向性をつけ，入学後もゼミでご指導くださった井上忠司先生（甲南女子大学人間科学部教授），学位論文の執筆および審査過程で多くのご教示をくださった八木秀夫先生（奈良女子大学文学部教授）と中島道男先生（奈良女子大学文学部教授），学位論文やそれを構成する論文に対して多くの貴重なコメントをくださった学会や研究会の先生方，そして本書の刊行に至るまでこのうえない研究環境をつくってくださった奈良女子大学生活環境学部生活文化学講座の先生方，先輩や院生仲間にも心よりお礼を申し上げたい．そして，本研究を進める中で生き生きとしたきょうだいとの「関係性の歴史」を体現してくださった調査対象者の方々，ならびに調査実施に際してご尽力を賜りました関係者の方々にも改めて厚くお礼を申し上げたい．

本書の刊行にあたっては，独立行政法人日本学術振興会平成18年度科学研

究費補助金（研究成果公開促進費）の交付を受けた．最後に，学文社田中千津子社長のご厚意にも一言お礼を申し添えたい．

2006年5月

吉原　千賀

目　次

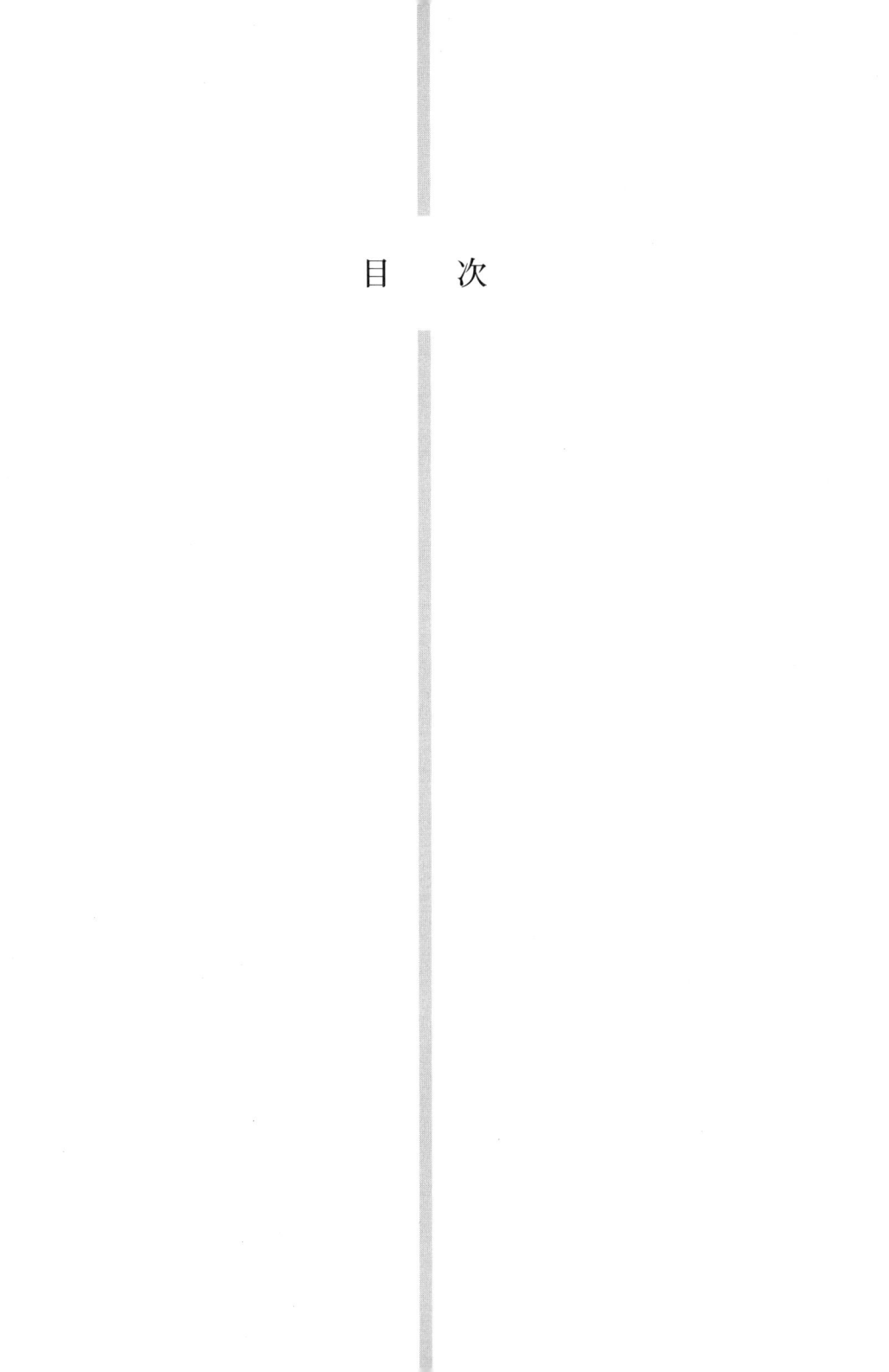

はしがき　3

序章　高齢期におけるきょうだい関係 …………………………………… 19
　第1節　高齢者を取り巻く現代社会状況 ………………………………… 19
　第2節　高齢者を取り巻く人間関係状況ときょうだい関係 …………… 21
　第3節　本書の目的 ………………………………………………………… 24

第Ⅰ部　家族発達ときょうだい関係への研究視点

第1章　「静態的」研究から「動態的」研究へ ………………………… 31
　第1節　はじめに …………………………………………………………… 31
　第2節　「静態的」きょうだい研究の展開 ……………………………… 32
　第3節　関係性の変化とコンテクストへの注目 ………………………… 38
　第4節　家族コンテクストときょうだい関係 …………………………… 40
　第5節　「動態的」きょうだい研究への課題 …………………………… 42

第2章　ライフコースアプローチとネットワークアプローチ ………… 49
　第1節　関係性の変化は何によって引き起こされるのか ……………… 49
　第2節　人間関係の再編成期としての高齢期 …………………………… 50
　第3節　高齢者にとっての「成熟」と「関係性の歴史」 ……………… 52
　第4節　コンボイネットワークモデルの提示 …………………………… 56

第Ⅱ部　高齢期におけるきょうだい関係の実証研究

第3章　研究の概要と対象者のスケッチ ……………………………… 67
　第1節　量的・質的両面からのアプローチ ………………………… 67
　第2節　質問紙調査の概要と対象者 ………………………………… 68
　第3節　サンプル属性 ………………………………………………… 70
　第4節　事例調査の概要ときょうだいデータセット ……………… 75

第4章　高齢者のきょうだい関係の実態 ……………………………… 79
　第1節　見過ごされてきた高齢者の家族：きょうだい …………… 79
　第2節　高齢者のきょうだい関係はどのように捉えられてきたのか …… 80
　第3節　きょうだい関係の実態と諸要因との関わり ……………… 84
　第4節　きょうだいとの接触・サポートを規定する要因 ………… 90
　第5節　きょうだいとの接触・サポートの特徴 …………………… 92
　第6節　時間と環境がつくるきょうだい関係 ……………………… 94

第5章　高齢者の主観的幸福感ときょうだい関係 …………………… 99
　第1節　「豊かな老後」と生きがい対策 …………………………… 99
　第2節　高齢者の主観的幸福感 ……………………………………… 100
　第3節　老化の受け止め方・精神的な安定性・孤独感と満足感 ……… 103
　第4節　「親族か友人か」から「きょうだいも友人も」へ ……… 111
　第5節　「関係性の歴史」への注目 ………………………………… 114

第6章　高齢期におけるきょうだい関係の活性化 …………………… 119
　第1節　高齢期家族の多様化 ………………………………………… 119
　第2節　きょうだいデータセット …………………………………… 120

第3節　関係活性化の要因：事例分析 ………………………………… 121
　　　1．関係を活性化させない要因 ………………………………………… 123
　　　2．関係を活性化する要因 ……………………………………………… 124
　　　3．再活性型きょうだい関係：AさんとCさんの場合 ……………… 127
　　　4．高齢期活性型きょうだい関係：Bさんと五女の場合 …………… 130
　　第4節　2つの中核的要因：幼少期の関係と危機的ライフイベント …… 132

第7章　「関係性の歴史」 ……………………………………………………… 137
　　第1節　時間による関係醸成プロセス ………………………………… 137
　　第2節　「関係性の歴史」の共同制作者と合同インタビュー ………… 138
　　第3節　個人のライフコースと「関係性の歴史」 ……………………… 139
　　　1．その意味づけプロセス ……………………………………………… 139
　　　2．意味づけ・連続性の付与 …………………………………………… 144
　　第4節　高齢期への移行と「関係性の歴史」 …………………………… 147
　　　1．家族・きょうだい関係の場合 ……………………………………… 147
　　　2．友人関係・社会活動の場合 ………………………………………… 150
　　第5節　高齢者にとっての「関係性の歴史」とその意味 ……………… 153
　　　1．高齢期の意味づけプロセスにおける連続性の付与 ……………… 153
　　　2．付与された連続性が家族・友人・社会活動に及ぼす影響 ……… 155

終章　老いと成熟をめぐる新たな視点 ……………………………………… 159
　　第1節　「関係性の歴史」が明らかにしたもの ………………………… 159
　　　1．高齢期きょうだい関係の実態と「関係性の歴史」の重要性 …… 160
　　　2．「関係性の歴史」の様相 ……………………………………………… 162
　　　3．「関係性の歴史」と高齢期の人間関係：きょうだい・配偶者・子ども・友人… 164
　　　4．高齢期の社会活動への展開 ………………………………………… 166
　　第2節　サクセスフルエイジング論再考 ……………………………… 167

第3節　諦念・成熟・自己受容 …………………………………………… 169
第4節　成熟とコンボイネットワーク …………………………………… 172
第5節　高齢期における社会化のゆくえ ………………………………… 174

文献 ………………………………………………………………………… 177
欧文索引 …………………………………………………………………… 189
和文索引 …………………………………………………………………… 191

図表目次

序章

図序 − 1	世帯構造別にみた 65 歳以上の者のいる世帯数の構成割合の年次推移	22

第 1 章

図 1 − 1	きょうだい研究の流れ	31
表 1 − 1	青年期のきょうだい関係スケール	34
表 1 − 2	児童期のきょうだい関係スケール	36
図 1 − 2	独立変数としての環境変数と 2 つの従属変数	39

第 2 章

図 2 − 1	コンボイシステムモデル	60
図 2 − 2	コンボイネットワークモデル	61

第 3 章

表 3 − 1	対象とした老人会別の実会員数（配布数）・回収数・有効回答数	69
表 3 − 2	A 市全体での高齢者と本調査での対象者の属性	70
表 3 − 3	本調査対象者のきょうだい数・出生順位	72
表 3 − 4	「現在の自分にとって最も大切なきょうだい」の属性	73
表 3 − 5	対象者のきょうだい関係以外の人間関係状況と社会活動状況	74
表 3 − 6	きょうだいデータセットとその属性	77

第 4 章

表 4 − 1	きょうだい関係の 3 側面とその実態	85
表 4 − 2	きょうだい関係意識の実態	86
表 4 − 3	2 変数相関分析結果	87
表 4 − 4	先行研究（NSFH〔米国〕／NFRJ98〔日本〕）における分析結果	88

| 表4－5 | 回帰分析結果 | 91 |

第5章

表5－1	P.G.C. モラール尺度の項目内容と先行研究での項目別単純集計結果	102
表5－2	主観的幸福感についての項目別単純集計結果	104
表5－3	主観的幸福感の次元別得点分布	106
表5－4	2変数相関分析結果	107
表5－5	回帰分析結果	109

第6章

図6－1	きょうだい構成とインタビュー時点での年齢	122, 139
図6－2	きょうだいのインタビュー時点での地理的関係	122
表6－1	きょうだい関係活性化の要因とその事例	128

終章

| 図終－1 | 活動に参加しなかった理由 | 168 |
| 図終－2 | コンボイネットワークモデルによるきょうだい達の「関係性の歴史」とそのメカニズム | 173 |

長寿社会における高齢期きょうだい関係の家族社会学的研究

吉原　千賀

序章

高齢期におけるきょうだい関係

第1節 ── 高齢者を取り巻く現代社会状況

　長寿高齢化が進行する現代，高齢者と彼らを取り巻く環境も大きく変化している．一世紀前の人々の多くは，人間的成熟の全過程を十分に経験する機会に恵まれることなく生涯を終えるのが一般的であった．そしてまた，日々を暮らすことに精一杯であり，自らの人生を振り返るゆとりなどなかったであろう．人生80年時代を迎え，伸長する高齢期をいかに過ごすのかに対して高齢者たちの関心が寄せられている（河畠 2001）．だが，一方では高齢者にとっての現代を「モデルなき時代」（藤崎 1998：3）などというように，それについての具体的様相は依然として不明瞭なままであるといわざるをえない（Clausen 1986 = 1987, Erikson et al. 1986 = 1990, Plath 1980 = 1985, Plath 1985）．加えて，高齢期は「バリエーションの拡大期」ともいわれるように高齢者たち1人ひとりが多様であるうえ，一人暮らしを謳歌していた人が急に寝たきりになるなど一個人の中にも多様性がある（竹中 2000）．このような中，今後，人口規模の大きい団塊の世代（1947（昭和22）年～1949（昭和24）年生まれ）が高齢期に突入することから（内閣府編 2004：54-55），現代的課題として「老年期の社会化」（渡辺 1993：596）あるいは高齢期における社会化とでもいうべきものの具体的有様を追究，提示していくことが急務である．

　『新社会学辞典』によれば「社会化」とは，「個人が他者との相互作用のなかで，彼が生活する社会，あるいは将来生活しようとする社会に，適切に参加す

ることが可能になるような価値や知識や技能や行動などを習得する過程」である．「個人にとっては，適切に社会に参加することによってはじめて彼自身のさまざまなニーズの充足が可能になる」（渡辺 1993：596）．では，高齢者たちが社会化を通して充足しようとしている（あるいは充足しなければならない）ニーズとは何なのか．例えば Erikson は，高齢期における発達課題としてアイデンティティの統合と絶望とのバランスをとることをあげ，「その過程は，はるばるここまで生きてきた人生を再吟味しそしてうまく折合うという過程を含む」（Erikson et al. 1986＝1990：74）という．これに関わる重要な側面として，現在の自分をも含めた自らの人生に対する内省とそこから生まれる人生の意味づけプロセスがあり，それを本研究では高齢期の社会化とする．人生 80 年時代を迎えた今日，自らがこれまで生きてきた人生をいかに振り返り再構成するのかが伸長する高齢期を豊かにすごす鍵になると考えられる（Plath 1980＝1985, 高橋・和田 2001, 河畠 2001）．

　高齢期の社会化は，長寿化する現代社会を生きる高齢者にとってとりわけ重要性をもつと考えられるが，もちろんこれは現代になって急に高齢者の間で行われるようになったわけではない．一昔前ならムラの中のさまざまな通過儀礼を通して意識せずとも自然に，いわば制度化された形でその機能を担い合っていたために，取り立てて問題にされなかったというだけである．例えば，石川県小松市向本折地域は現在でもそのような行事が盛大に行われている数少ない地域の 1 つである．この地域では 25 歳，41 歳，60 歳という厄にかかわる歳になると，同じ年齢集団の者と共に神社に奉納を行う．なかでも 41 歳の節目は，かつての民俗社会でこの歳をもって老人の域に入るとみなされていたことを反映して「初老」と呼ばれ，秋祭りの時期にあわせて「初老記念」行事が行われる．小松市から東京や大阪などの都市へ移り住んだ人であっても，「初老記念」行事にかかる費用（1 人およそ 50 万円以上）を捻出して参加する者もいる（鯵坂・湯浅・星・吉原・杉本 2001：29-35）．そこには，単なる厄という意味以外の側面もあるのではないだろうか．

かつてのムラ社会では，分相応を遵守していれば，「自分は何者だ」「老いとはいかなるものか」などと悩まされる必要もなかった．なぜなら，共有される象徴によって彩られる観念の世界や通過儀礼により，老いの意味は受容され，成熟されてゆくからであるという．清水はこれを，共同体による「仲間衆定義」と呼ぶ（清水 1990：195）．都市に移り住んだ人々に，高い金銭的，時間的コストを払ってまでもムラの儀式に参加させる1つの原動力としてこの「仲間衆定義」があるとも考えられる．いい換えれば，先の例にみられるような「初老記念」行事は，都市に移り住んだ者も含めて小学校1，2年生頃まで同じ地域に在住し幼少期を共にした同じ年齢集団に属する者の間で互いの人生を確認しつつ，地域の人々からもそれを承認してもらう場としての機能をもつということである．

　現代社会では「家族・親族・部族・小規模な共同体などの狭く苦しい規制から個人を解放し」，「きわめて個人中心的な人間として人が社会化される文脈を提供」するようになった．その一方で「この解放は高い代償をともなった」（Berger, Berger & Kellner 1973＝1977：226）のである．先の例のように，現在は都市で生活をしていても戻る「故郷」のある人はよい．無い人はどのようにすればよいのか．あるいはそのような「故郷」のある人でさえも，通過儀礼にまつわる行事の衰退に伴い，自らの人生を確認し，意味づけてくれるような場や他者が意識せずとも自然に得られるというわけにはいかなくなりつつあるのが現代社会であろう（Berger, Berger & Kellner 1973＝1977，松本・丸木 1994）．高齢者たちはそのような場，あるいはかつての地域の年齢集団の者たちに代わる他者を自ら探し出す必要に迫られているのである．

第2節 ── 高齢者を取り巻く人間関係状況ときょうだい関係

　ここで再び高齢者を取り巻く状況，なかでも人間関係状況に目を向けると，従来，高齢者の人間関係としては家族との関係，特に子どもとの関係が重要

視されてきたことがわかる（安達 1999）．2004（平成 16）年の国民生活基礎調査によると，65歳以上の家族が含まれる世帯数は，1975（昭和50）年には711万4000世帯であったが，2004（平成16）年には1786万4000世帯となっている．その内訳を世帯構成別にみると，1975（昭和50）年には「三世代世帯」の割合が一番高く54.4%と半数以上を占めていたのに対し，2004（平成16）年にはその割合が21.9%に減少し，かわって「夫婦のみの世帯」が29.4%と最も高い割合となっている．加えて，高齢者の「単独世帯」の割合も20.9%と「三世代世帯」に迫る割合へと増加している．この理由の1つとして，ライフコースの変化に伴い子どもの独立後も夫婦だけで生活し，配偶者に先立たれた後もそのま

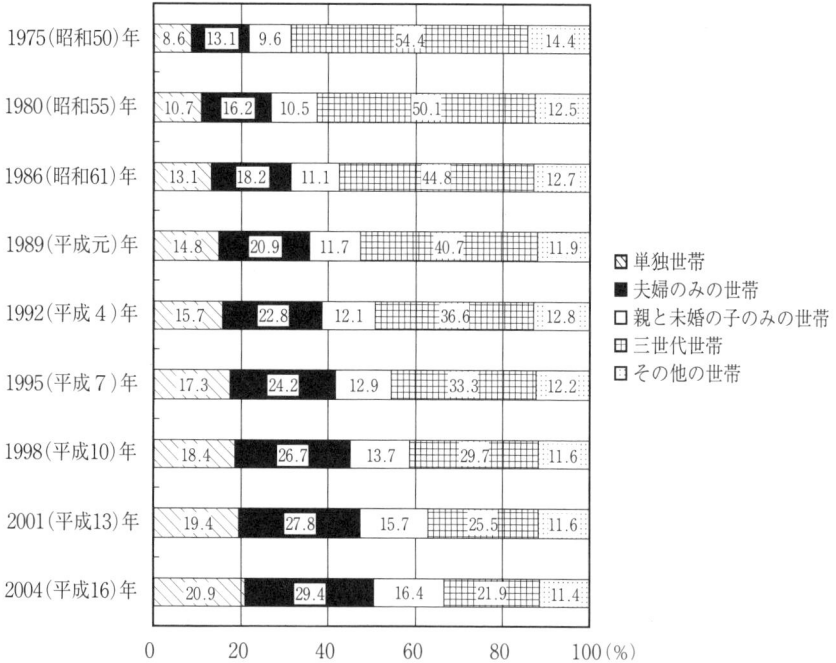

図序-1　世帯構造別にみた65歳以上の者のいる世帯数の構成割合の年次推移

注：1995（平成7）年の数値は，兵庫県を除いたものである．
資料：厚生労働省大臣官房統計情報部編（2006）

ま1人で暮らす高齢者が増加していることがあげられるだろう．そしてこのことは，高齢者が従来のようにいわゆる「あとつぎ」としての長男夫婦と同居し扶養される存在ではなく，長期化した第二の人生期間において誰と関わっていくのかを自ら選択する存在へと変化していることを示している．すなわち，家族の多様化の中で，高齢期家族もいわゆる従来の家族の定義に規定される「The Aging Family」から高齢者の主観的選択に基づいた「Aging Families」へのパラダイムの変化が指摘されるのである（Allen, et al. 2000）．

Cicirelli（1985）は，高齢者が昔のことを共に話し合うのは成人した子どもよりもきょうだいとの方が一般的であったことを明らかにしている．そしてこれは，きょうだいが昔のことを回想するのにより重要な役割を果たしていることを示唆するものだと主張する．長寿高齢化の進展に伴い，人間関係の寿命も伸びる（プラス 1987：158）．長期にわたる人間関係のもつこのような役割・機能に関心が寄せられる中で（Plath 1980＝1985，Allan 1989＝1993，高橋・和田2001），高齢者たちが自らの人生を確認し，意味づけを共に行う他者の1人として立ち現れてくるのが，「乳幼児期や児童期からもっとも長期にわたってつきあい，同じ時代を生きてきた身近な人間」（安達 1999：104）である家族，すなわち，きょうだいなのである．それだけではない．きょうだいは個人の人生物語のスタートとルーツを共有する家族でもある．臨床の場面でも，きょうだい関係を「私の根っこにある人間関係」と位置づけ，「きょうだいの中の私」という視点から自分のルーツを探ってみる作業やきょうだい同士で話すことの重要性が指摘されている（アルコール問題全国市民協会編 1998）．

きょうだいについて語られる時，その情緒的な深さが強調される一方で昔から「きょうだいは他人のはじまり」ともいわれる．このことは，高齢期におけるきょうだいとの関係性が個々のきょうだい達の加齢に伴って起こるさまざまなライフコース上の出来事との関わりの中で形成されるものであり，そのあり方いかんで情緒的に深いところで関わる存在にも，友人や近隣の人々といったいわゆる他人以上に「他人」にもなりうることを示唆している．当然ながら個

人にとってのきょうだいとの関係は成人期で終わるものではなく，一般に親や子，配偶者よりも人生を共にする期間は長い．にもかかわらず，我が国のきょうだい関係を扱った研究には依然として成人期以前の関係性のみに焦点を当てたものが多く，高齢期に焦点を当てた研究は未だほとんどなされていないのが現状である．いわばきょうだいとは，「見過ごされてきた高齢者の家族」なのである．それゆえ，きょうだい関係は幼少期における社会化との関連で議論されることがほとんどであった（安達 2004）のである．

本研究は従来の議論とは異なり，高齢期における人生の再考，意味づけに関わる他者としてきょうだいを捉えたい．幼少期ではなく，いわば高齢期における社会化のエージェントとしてのきょうだい，という視点である．無論，高齢期の社会化においても幼少期の社会化は無関係ではあるまい．それどころか人生の再考，意味づけプロセスにおいてはむしろ両者は結びつけて考えられるべきものであろう．幼少期の社会化をめぐるきょうだい関係に関するこれまでの議論は，人生の最終地点で行われる高齢期の社会化と結びつけられ，捉えなおされることで新たな意味合いを帯びたものになるのである．

第3節 ── 本書の目的

本研究は，長寿高齢化という現代の社会変動によってもたらされた「モデルなき高齢期」における社会化の具体的有様を，きょうだい関係との関わりで追究するものである．本研究において高齢期の社会化とは，前節で論じたように現在の自分を含めた自らの人生再考，意味づけプロセスとして捉えられ，そのプロセスを経て高齢者自身が自らの人生を評価した結果を主観的幸福感と位置づける．そのため，高齢期における社会化のエージェントとしてのきょうだいとの関係は，高齢期のみならずそれに先行する時期からのプロセスとして捉えられる．そして，きょうだいとの関係の中で行われる人生の再考・意味づけプロセスと主観的幸福感との関連を中心に，きょうだい関係以外のパーソナルな

諸関係，社会・地域活動との関連についても明らかにすることを目的とする．

最後に，本書の構成および各章の内容について簡単に触れておきたい．本書は序章と終章を除いて2つの部から構成されている．理論編としての第Ⅰ部「家族発達ときょうだい関係への研究視点」（第1章，第2章）と実証編としての第Ⅱ部「高齢期におけるきょうだい関係の実証研究」（第3章～第7章）である．

第1章「『静態的』研究から『動態的』研究へ」では，心理学を中心に展開されてきたきょうだい関係の先行研究を批判的に検討し，高齢期きょうだい関係を追究する本書の課題を明確化する．双生児研究から端を発したきょうだい関係の先行研究は，分析の対象と方法に関して3つの限界をもつ．第一にきょうだい同士の関係に十分な焦点が当てられていないこと，第二に関係の存在するコンテクストが考慮されていないこと，第三に固定的な所与条件下での不変性が前提にされていることである．これら「静態的」研究のもつ限界を克服するために，「きょうだい同士の関係性とその変化」に焦点を当て，高齢期のみならず先行する時期からのプロセスとして捉える「動態的」研究の必要性が提起される．

第2章「ライフコースアプローチとネットワークアプローチ」では，先行研究をふまえながら，高齢期とは人間関係の再編期であり，それゆえ，高齢期きょうだいは「それまで生きてきた人生の意味や連続性の提供，人生の残りの時間や過去の時代感覚の共有」という機能を果たすとの仮説をたてる．そして，高齢期に至るまでにきょうだいと結んできた「関係性の歴史」に注目した分析が必要であるとし，理論的枠組みとしてライフコースアプローチとネットワークアプローチを統合した「コンボイネットワークモデル」を構築する．これは，高齢期における社会化のエージェントとしてのきょうだいを，Plathのいう「個人の人生を推進し規定するような他者＝コンボイ」として捉え，この概念が持つ「持続と累積」「ネットワーク」という2つの視点に着目するものである．「コンボイ」との間で「確認」「正当化」「予測」を繰り返し互いの人生の意味づけと連続性の付与を行う過程が，本研究の注目するきょうだいとの「関係性の歴

史」にほかならない．

　第3章「研究の概要と対象者のスケッチ」では，前章で提示した「コンボイネットワークモデル」の実証的適用を試みて行った質問紙調査と事例調査の2つの調査の実施概要を説明し，両調査データの基本的な記述分析を行っている．大阪府Ａ市の老人会会員を対象に実施した質問紙調査によれば，高齢者にとって「『現在の』自分に最も大切なきょうだい」は男女，年下と年上，年齢差の大小に関係なくほぼ同率である．これらの知見から，高齢期における社会化のエージェントとしてのきょうだいは性別や出生順位，年齢差だけでは決定されないことを明らかにし，それは「静態的」きょうだい研究が用いてきた視点と方法では捉えきれないきょうだい関係側面であることを確認する．事例調査については，きょうだいと甥から成るきょうだい1組（4名），きょうだい同士から成る2組（5名），義理のきょうだい同士から成る1組（2名），当人のみ4名の，60歳代〜80歳代の男女15名を対象に行われた事例調査の実施概要を説明し，そのデータを用いて個人と各きょうだい達の間で結ばれている個々の二者関係＝「リンケージ」をひとまとまりのStarとして捉えるという課題が提示される．

　第4章「高齢者のきょうだい関係の実態」では，質問紙調査データをもとに，高齢期きょうだい関係の規定要因を明らかにする．我が国の先行研究では，きょうだい関係を「接触」の1側面からしか捉えていない．しかし，分析の結果，「間接接触」と「情緒的サポートニーズ」には，きょうだい関係に対する意識（「関係意識」）が作用している点で「直接接触」とは異なること，特に，「情緒的サポートニーズ」には「関係意識」が最も強い規定要因となっていることを明らかにする．これらの知見は，高齢期きょうだい関係の「間接接触」や「情緒的サポートニーズ」の側面が，高齢期に至るまでの「関係性の歴史」に強く規定されることを浮き彫りにしている．

　第5章「高齢者の主観的幸福感ときょうだい関係」では，高齢者の主観的幸福感ときょうだい関係との関連を分析する．その結果，「直接接触」は主観

的幸福感を構成する3つのどの次元に対しても有意な規定力をもたない一方で，「間接接触」では「老化の受け止め方」の次元に対して規定要因となっていた．前章で明らかになった両接触の違いとこの知見から「老化の受け止め方」を左右するのは，きょうだいとの規範化された場面というよりも，個々人によって選択された場面での接触であることを示す．

第6章「高齢期におけるきょうだい関係の活性化」では，事例調査（主として個別インタビュー調査）で得られたデータを用いて高齢期における関係活性化を左右する要因ときょうだいとの関係を通して高齢者たちが互いに満たしているニーズについて分析・考察する．各きょうだい同士の関係，すなわち複数の「リンケージ」の様相を分析した結果，(1)きょうだい関係の活性化に要因間の加重累積的な相互作用がみられること，(2)当事者二者間にある要因だけでなくその相手と他のきょうだいとの間にある要因の認知や媒介的なきょうだいの存在もきょうだい関係の活性化に重要な意味をもつことが明らかになる．特に知見(2)は，きょうだい達の関係をStarとして分析して初めて浮かび上がってきた実態であった．また，高齢期における選択的なきょうだい関係を活性化させる中核的要因として「幼い頃の関わり度合い」「ライフイベント／危機的状況での理解・サポート」の2要因が示唆された．このことは，両要因をもつきょうだいとの関係が人生の再考，意味づけプロセスで強調される持続性・累積性をもつために高齢期において活性化されることを意味するものである．

この高齢期における関係活性化の要因探索といういわば「ヨコ」の事例分析に続いて，第7章「『関係性の歴史』」では，事例調査（主としてきょうだい同士の合同インタビュー調査）で得られたデータを用いて，幼少期からの過去，現在，未来という時間の中で展開されるきょうだい達の関わりに注目した，いわば「タテ」の事例分析が行われる．具体的にいえば，Starを構成する「リンケージ」の1つに焦点を当て，高齢期における自らの人生の振り返り・再構成へのきょうだいの関わり，それが高齢期を生きる個人にとってもつ意味を，幼少期から高齢期に至る時間の流れの中で追究するものである．その結果，以下のこ

とが明らかにされる．(1)きょうだい間での影響関係は関わりがあまりなくなる時期であってもみられ，特に，きょうだい皆にとっての危機的な出来事が発生した場合に顕著にあらわれる．(2)きょうだいとの関わりを通して社会状況の追体験が行われており，その体験が後のライフコースに影響を及ぼしている．連続性の生み出されるプロセスに注目すれば，それは互いの人生における危機的・困難な状況をきょうだいで確認，説明しあいながら，それを認め合うというきょうだいとの「成熟のレトリック」活動の中から生み出されている．さらに，意味づけプロセスにおける連続性の付与が高齢期におけるパーソナルな諸関係・社会活動に及ぼす影響について，現在行っている社会活動にきょうだいとの間で確認された過去の出来事が結び付けられることによって，幼少期から高齢期に至るまでの連続性の実感が可能となっていることが指摘される．

　終章「老いと成熟をめぐる新たな視点」では，本研究での諸知見を「関係性の歴史」という点から総括したうえで，それらの知見が高齢期の社会化に対して指示するものについて，先行研究の諸説をふまえつつ，現代社会状況と関わらせながら包括的に議論している．「持続と累積」と「ネットワーク」に注目する「コンボイネットワークモデル」による分析の結果，高齢者たちは変更不可能な過去を「諦念」しつつ，それも含め「自分なりに変わった」と自己受容する「成熟」の感覚をもつようになっていた．「成熟」には，人生上の出来事の時間的継起ではなく，それがもつ「意味」の連続性が鍵になる．「意味の連続」にとっては，高齢者がきょうだい関係の中で行う「新たな」意味の発見，媒介的なきょうだいの存在も重要となる．当事者二者間にある「関係性の歴史」だけでなくその相手と他のきょうだいとの間のそれが認知されることで，それらを結びつける「時間を越えたネットワーク効果」が作用したりもする．以上の様態こそが，「コンボイネットワークモデル」によって初めて実証することができた高齢期社会化のエージェントとしてのきょうだいがもつ具体的機能であることが結論づけられることになろう．

第Ⅰ部

家族発達ときょうだい関係への研究視点

第1章

「静態的」研究から「動態的」研究へ

第1節 ── はじめに

　我が国においてきょうだい関係に焦点が当てられた研究は夫婦関係，親子関係に比して非常に少ない．その数少ないきょうだい研究も主として心理学の領域で展開されてきた．そこで本章では，心理学において展開されてきたきょうだい研究を整理し，その批判的検討を通して新たなきょうだい研究への展開可能性と課題を示すことを目的とする．

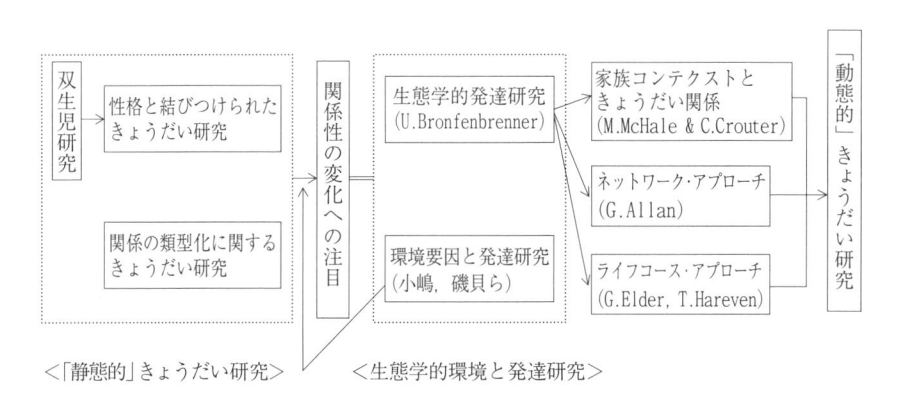

図1-1　きょうだい研究の流れ

第2節 ──「静態的」きょうだい研究の展開

　我が国においてこれまでなされてきたきょうだい研究には大きく,「性格と結びつけられた形での研究」と「きょうだい関係の類型化に関する研究」がある. 前者は, 双生児研究（三木・天羽 1954, 三木・木村 1954）に始まり, 依田らを中心とする一連の研究（依田・深津 1963, 依田 1967, 依田・飯嶋 1981, 早川・依田 1983, 浜崎・依田 1985）とそれに対する批判という形で展開されてきたものである. その特徴としては, 出生順位や性別構成, 年齢間隔というようなきょうだい間に存する構造的差異と, 長子的・次子的性格というような性格との関連に研究の関心が寄せられている点があげられる.

　後者は性格検査を使用し, 認知に基づくきょうだい関係の類型化に関する研究から始まる. 依田（1967）は, きょうだい間の関係性について, 小学4年生から中学2年生の2人きょうだいの子どもを対象に, 彼らのきょうだい関係の認知の有り様を検討するため, TAT（絵画統覚性格検査）を利用してその類型化を行っている. そして, 2人の中の一方に優位が認められず, 相互に対立し, 張り合っている関係を「対立関係」, きょうだいの間が仲の良い関係で2人の間に親和的な雰囲気が認められるものを「調和関係」, きょうだいのどちらか一方が優位に立っている関係を「専制関係」, きょうだい相互の間に積極的な交渉が認められない関係を「分離関係」の4つに類型化し, その中できょうだい関係には「対立関係」が多いことを明らかにした. さらにこの調査結果に性別構成, 長子 – 次子を加味して検討を続けた結果,＜男 – 男＞きょうだいは対立的で, 特に兄に対立的意識が強く,＜男 – 女＞きょうだいでは, 兄は妹に対して専制的態度をとることが多く,＜女 – 男＞きょうだいでは, 姉が弟の優位を認め, 弟に譲ることがあり,＜女 – 女＞きょうだいは最も調和的で, 特にこの傾向は姉に強いことが明らかになった. つまり, ひとくちに2人きょうだい間の関係性といっても, きょうだいの性別構成や長子と次子という出生順位の違いによって認知のされ方が異なることを示したのである.

斎藤ら（1990）はこのような認知における差異がなぜ起こるのかを説明しようと，従来，分析の中心であった「認知的側面」のみならず，新たに「感情的側面」，「行動的側面」を加えた3側面[1]からきょうだいの関係性を分析している．その結果，たとえ年長者優位の関係でも日常的に年少者からの依存行動と年長者からの援助行動があることによって「衡平だ」と認知される可能性を示唆している．そして，きょうだい関係の認知的側面として優位性や勢力関係を取り上げる際，行動的側面の中に「依存 - 援助」のようなきょうだい関係特有の役割行動の観点を考慮する必要性を主張する．

　また，飯野（1990）は青年期のきょうだい関係と人数との関連を検討するため，自らが作成した「共存関係」，「対立関係」，「保護・依存関係」，「分離関係」という4つの下位スケールをもつ「青年期のきょうだい関係スケール」（表1-1）を用いて調査を行っている．その結果，男女とも「保護・依存関係」と「共存関係」において3人以上のきょうだいが2人きょうだいよりも有意に得点が高いこと，すなわち，2つの関係の経験頻度が高いことが明らかにされている．

　このように双生児研究に端を発した「性格と結びつけられた形でのきょうだい研究」と性格検査を利用した認知にもとづく類型化に焦点のある「きょうだい関係の類型化に関する研究」はそれぞれの展開をみせていた．しかしその一方，それらに対して疑問を投げかける研究もなされ始める．例えば前者の「性格と結びつけられた形でのきょうだい研究」に対しては，依田らの長子的・次子的性格の不確かさを明らかにする研究（岩井・松井 1993，岩井 1995）や実証研究によって依田（1967）の記述とは逆の結果を得ている研究（高井 1993）である．さらに，そもそも出生順位と性格との関連性はそれぞれのきょうだい内での相対的な比較においてのみ有効なのではないか，と従来の性格と結びつけた形できょうだいを扱うというきょうだいの扱い方自体について疑問を投げかける研究（金山・笹山 1997）もあらわれている．

　他方，後者の「きょうだい関係の類型化に関する研究」に対しても批判的な研究がなされ始める．例えば，伊藤ら（1984）はひとくちにきょうだい関係と

表1-1 青年期のきょうだい関係スケール

下位スケール	スケールの内容	質問項目
共存	「いっしょに~する」に代表される,きょうだいが対等につきあっている互恵的な関係.依田のいう「調和関係」の中で,友人のような「よこの関係」を中心としたもの.	・いっしょに出かける(買物や散歩など) ・もち物を買うとき,相談する(相談される) ・誕生日のプレゼントをする(プレゼントをされる) ・きょうだいで,親にプレゼントする
対立	「争い」や「対立」を表す関係.	・小さなことで,いいあらそう ・やつあたりする(やつあたりされる) ・きょうだいの性格や欠点について,きょうだいに話したり批判したりする ・けんかする
保護・依存	「~してあげる」,「~してもらう」に代表される兄弟の年齢差が関与している関係.依田のいう「調和関係」のうち「たての関係」がクローズアップされたもの.	・学校生活の心がまえを教える ・進路や勉強について,相談する(相談される) ・なにかのときに,頼りに思う ・きょうだいを思いやる気持ちがある
分離	きょうだい間の接触の少なさを表した「不干渉・無関心」といった関係.	・あまり,話をしない ・まったく,きょうだいとかかわらない ・いっしょにいても,口をきかない ・きょうだいに対して,無関心である

注:各項目ごとに経験の程度を「4:大変よく経験した」「3:しばしば経験した」「2:ときどき経験した あるいは,あまり経験したことがない」「1:一度も経験したことがない」の4件法で評定し,下位スケールごとの得点を算出する.
資料:飯野(1990:124)の表1をもとに作成.

いっても場面によって関係の質が変化する可能性を指摘し,依田らの性格検査を利用した人間関係把握の限界を示している.この批判を受け,福田と依田(1986)は幼児期から児童期の子どもを対象にきょうだい関係認知の発達的変

化を分析する中で次の2つの工夫を行っている．第一に，性格検査TAT法の改良である．具体的には，きょうだいの出生順位と性別の構成に対応した4タイプ（兄-弟，兄-妹，姉-弟，姉-妹）を作成し，それぞれの子どものきょうだい構成と一致する図版を用いて実際のきょうだい関係が反映されやすいように配慮している．

第二に，きょうだい関係の類型化についてである．従来の「対立」，「調和」，「専制」，「分離」の4分類から5分類[2]へと変えているのである．これによって同じ調和関係であっても，きょうだい関係の中に存在する上下関係が強調される場合と，されない場合の両方を考慮することが可能になる．そして，その結果「よこ」の関係を反映するスコアでは長子と次子との間に差はみられないのに対し，「たて」の関係を反映するスコアではきょうだい関係認知の発達的変化に長子，次子の差があらわれるという新たな知見を得ている．しかしながら最も注目すべきは，彼らがこの分析を通じてきょうだい関係を決して固定的なものではなく，加齢に伴って変化するものとして捉えなおす必要性があることを指摘している点である．

この指摘を受け，「きょうだい関係の加齢に伴う変化」に研究関心が寄せられていく．例えば分析対象を，従来集中していた乳幼児期から大学生にかえて分析を行った浜ら（1987）の研究，あるいは幼児期や児童期と青年期を比較することで加齢に伴う関係性の変化を追究しようとする飯野（1994）や森下ら（1992）の研究がそれである．

飯野（1994）は2人きょうだいの大学生を対象に，小学生の頃（児童期）と現在（青年期）のきょうだい関係について自由記述させ，それを因子分析して作成した児童期と青年期についての「きょうだい関係スケール」（児童期については36ページ表1-2，青年期については34ページ表1-1に示している）についてまとめている．その中で，作成当時から10年余りの歳月の経過によってきょうだい関係の内容に変化があるか否かを確認しようと，調査項目に関する再調査を行っている．ここには加齢に伴う関係性の変化と同時に時代的変化をも考

表1-2 児童期のきょうだい関係スケール

下位スケール	質問項目
共　存	・いっしょにあそんだ ・きょうだいときょうだいの友だちと，いっしょに遊んだ ・学校でのできごとを，話した ・いっしょに，学校へ行った
対　立	・けんかした ・きょうだいにやつあたりした（やつあたりされた） ・悪口をいって，いじめた（いじめられた） ・きょうだいを「生意気だ」と思った
保護・依存	・勉強を教えた（教えてもらった） ・「やっぱり，きょうだいだなぁ」と感じることがあった ・なにかのときに，きょうだいを頼りに思った ・きょうだいがいないと，「さびしい」と思った
分　離	反・近くの公園などへ，いっしょに行った 反・誕生日のプレゼントをした（プレゼントをされた） ・「きょうだいに似ている」といわれて，いやな気がした ・きょうだいがちょっかいを出しても，知らんぷりした（知らんぷりされた）

注：「反：反転項目」．各項目ごとに経験の程度を「4：よく経験した」「3：しばしば経験した」「2：ときどき経験した　または，あまり経験したことがない」「1：一度も経験しなかった」の4件法で評定し，下位スケールごとの得点を算出する．
資料：飯野（1994：107）の表8をもとに作成．

慮しようとする姿勢がうかがえる．しかし再調査の結果，きょうだい関係における一つひとつの対人関係に大差はなく，変化がみられなかった．そのため，「時代の変化は，共存，対立，保護・依存，分離の4つの関係のバランスがどのように変化しているかでとらえられるのではないだろうか」（飯野 1994：109）と述べるにとどまっている．

一方，森下ら（1992）は，幼児と大学生のきょうだい関係を形成する因子を比較して3つの新たな知見を得ている．第一に，幼児のきょうだい関係は「競い合い」，「ナーチュランス」，「仲の良さ」，「けんか」の4つの因子からなっ

ているのに対して，大学生のきょうだい関係は「分離」,「信頼」,「親和」,「養護」,「対立」,「畏敬」, の6つの因子からなっている．第二に，幼児の「仲の良さ」因子が大学生では「信頼」と「親和」因子の2因子に分かれている．第三に，幼児にはみられなかった「分離」因子が大学生でみられる，ということである．このように，加齢に伴う関係性の変化を明らかにしているものの，その関係性が存在するコンテクスト，あるいは関係性の変化するプロセスが考慮されてはいない．この点については彼ら自身も課題として，家族，仲間関係など広い人間関係の中できょうだい関係を理解することときょうだい関係の展開プロセスについてのデータ収集，理論化の必要性をあげている．

　以上，概観してきた従来のきょうだい研究の多くは，分析対象と分析方法において次のように特徴づけられるだろう．すなわち，分析対象については，青年期までを中心としたライフステージごとの断片的な研究の中で，主として母-子の二者関係の分析に焦点が当てられている．また，分析方法については，出生順位，性別構成，年齢差といった構造的差異と認知に基づいて類型化された性格や関係性との関連についての分析に終始しているということである．このようなコンテクストを考慮せず，固定的な所与条件下での不変性を前提としたきょうだい研究が，本章で「静態的」きょうだい研究と呼ぶものなのである．

　しかしながら，そのような「静態的」きょうだい研究の中でも本研究にとって示唆的な動きもみられる．それは，乳幼児期と青年期という2つのライフステージ間での比較という形ではあるもののそこにみられる「きょうだい関係の加齢に伴う変化」への注目の動きである．だが，森下らも課題としてあげているように，この関係性の変化の展開プロセスをどのように理論化し，分析しうるのかについては明らかにされていない．そこで，次節ではその手がかりを主として発達研究を検討することを通じて探っていくことにしよう．

第3節 —— 関係性の変化とコンテクストへの注目

　小嶋（1982）は家族成員の異動や移行という変化を含んだ局面を捉え，さらにその変化と子どもや家族の他の成員との関連についての分析を試みている．その中で，「変化を含んだ局面」の1つとして家族に新しい成員が加わる場合を取り上げる．そして，夫婦だけの家族に第一子が生まれ，子育てをしていく過程について論じながら，単に家庭内部の心理過程だけでなく，家庭を取り巻く諸状況との相互関連を重視して家族における子どもの発達研究を進めていく姿勢を打ち出している．

　また磯貝ら（1982）も，出生前期から青年期までの子どもの発達過程に影響する環境要因である家庭環境を例にあげ，従来の心理学的研究の多くが，出生順位による性格の相違や，養育態度と子どもの性格形成との関連など，平均像としての子どもの特質を分析してきたことを指摘する．しかし，例えば親から同じように育てられている子どもであっても兄や姉がいて十分な交流がなされているか否かによってその親の養育態度の意味が異なる可能性があり，さらに，家庭の経済状態，学校での子どもの状態，交友関係など，子どもを取り巻く多くの環境要因によってその影響が異なる可能性があると主張する．そして，「大都市高校生の心理的特徴と生活環境」という調査研究において，青少年を取り巻く環境の7つの局面に関する17の変数を「環境変数」という独立変数として設定している（図1-2）．つまり，それぞれを構造化して捉え，環境要因を考慮に入れた分析を試みているのである[3]．

　こうして従来，断片的に分析が試みられてきた環境変数を構造的に把握しつつ，環境を構成する各変数が相対的にどの程度の重みをもって心理的特徴や問題傾向に関連しあっているのかを重回帰分析し[4]，個々の環境変数の相互作用を明らかにしようとしている点で磯貝らが行った調査研究は従来の研究とは異なるものだといえるだろう．彼らは，現実の状況において子どもを取り巻く環境要因は決して断片的に作用しているのではなく，関連を保ちながら全体とし

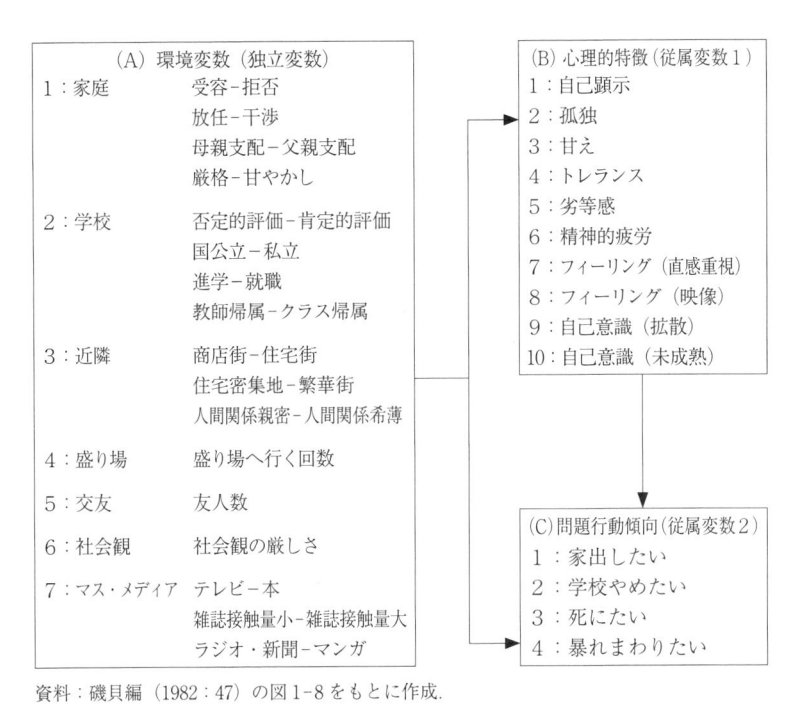

```
(A) 環境変数（独立変数）              (B) 心理的特徴（従属変数1）
1：家庭    受容-拒否                    1：自己顕示
           放任-干渉                    2：孤独
           母親支配-父親支配             3：甘え
           厳格-甘やかし                4：トレランス
                                        5：劣等感
2：学校    否定的評価-肯定的評価         6：精神的疲労
           国公立-私立                  7：フィーリング（直感重視）
           進学-就職                    8：フィーリング（映像）
           教師帰属-クラス帰属          9：自己意識（拡散）
                                       10：自己意識（未成熟）
3：近隣    商店街-住宅街
           住宅密集地-繁華街
           人間関係親密-人間関係希薄

4：盛り場  盛り場へ行く回数             (C) 問題行動傾向（従属変数2）
5：交友    友人数                       1：家出したい
6：社会観  社会観の厳しさ               2：学校やめたい
7：マス・メディア テレビ一本            3：死にたい
           雑誌接触量小-雑誌接触量大    4：暴れまわりたい
           ラジオ・新聞-マンガ
```

資料：磯貝編（1982：47）の図1-8をもとに作成．

図1-2　独立変数としての環境変数と2つの従属変数

て子どもに作用するのだと主張する．以上の小嶋や磯貝らの試みが依拠しているのが次にみるBronfenbrennerの生態学的視角である．

　Bronfenbrenner（1979＝1981，1979＝1996）は「成長しつつある人間とその直接的環境との間の漸進的な調節」（Bronfenbrenner 1979＝1996:14）に関心を置く．そして，「生涯を通して直接の環境および隔絶した環境が共に人間発達の道筋を形づくると考えて，その構造や過程を記述したり関連づけるための統一的で高度に明確化された概念枠組みを提供しよう」（Bronfenbrenner 1979＝1996：12）と試みている．そこでは，発達しつつある個人を取り巻く環境は「生態学的環境」として4つのレベルに分けて[5]，捉えられている．Bronfenbrennerは，発達する個人と変化していく環境との漸進的な相互影響過程に焦点を合わせた

発達研究をすべきだと主張し，環境というコンテクストの中で，個人の行動を全体的に把握しようとしたのである．

　家族内の関係においても，従来，親が子に与える影響，それも母から子へという限定された一方向的な影響過程にのみ研究関心が集中してきたことを指摘する．そのような従来の研究に対して彼は，子どもが親に対して与える影響をも重視すべきであり，親と子，両者の双方向的な影響関係を研究することが必要であるという．また，母と子，父と子という二者関係だけでなく，三者，またはそれ以上の関係（N＋2関係）を扱うことの必要性を主張する．つまり，人間発達の諸過程を促進させるような「環境」として，直接関わりをもたない第三者が果たす役割に注目し，これを「二次的効果（second order effect）」（Bronfenbrenner 1979＝1996）と呼んで重要視しているのである．そして，この「二次的効果」が作用する連続的な相互作用を，「社会的ネットワーク」として捉えている．

　では，ここで Bronfenbrenner のいう「環境要因」をどのようにきょうだい研究に取り入れることが可能なのだろうか．次節では，それを試みた McHale と Crouter の研究を中心に検討していこう．

第4節 ── 家族コンテクストときょうだい関係

　McHale と Crouter（1996）は家族を「家族コンテクスト」という概念で捉え，そこで行われる家族成員間の相互作用の分析を通じて，環境要因としての家族がきょうだい関係へ作用するメカニズムを分析しようと試みている．環境要因としての家族がきょうだい関係に及ぼす影響を追究するという目的から，分析に使用するデータにも工夫がなされている．それは，次のような共通する特徴をもつ2つの調査研究（McHale & Crouter 1992, McHale & Gamble 1989）から得たデータを用いるということである．

　その第一の特徴とは，どちらの調査研究も年下のきょうだいがいる子ども達

を対象にしているということである．年下のきょうだいがいる子ども達は，弟や妹の世話をする者として家族役割を遂行する立場にあり，家族環境によって何か特別な要求をされる可能性が高い．その彼らを対象とした調査データを使用することで「家族コンテクスト」の一機能として子ども達の家族役割と責任を理解しようとしているのである．

特徴の第二は，どちらの調査研究も子ども達の家族経験におけるコンテクストの差異について焦点が当てられていることである．2つの調査研究で焦点の当てられた，「共稼ぎの両親」，「障害を持つきょうだいの存在」という2つの家族コンテクストは子ども達に何か特別な要求をしたり，姉や兄に余分な要求（例えば，きょうだいの世話や家事）をしたりすることが予想される．そのため，「子ども達のきょうだい経験」を分析するうえで，環境としての家族のもつ機能をよりよく反映するというわけである．

このような特徴をもった調査データを利用しながら，子ども達の「きょうだい経験」と子ども達の「親からのしつけ経験」それぞれに対して，「共稼ぎの両親」「障害を持つ年下のきょうだいの存在」という家族コンテクストが与える影響について分析することにより，家族コンテクストをきょうだい関係の分析に取り入れようと試みたのである．

具体的な分析内容についてみてみると，まず，子ども達の「きょうだい経験」については，「家族コンテクスト」として「障害をもつ年下のきょうだいの存在」が取り上げられる．すなわち，精神障害を持つ年下のきょうだいが「いる」子どもと「いない」子どもとを比較するのである．その結果，どちらの子どももきょうだいと同じ位の時間を過ごしているにもかかわらず，一緒に過ごす時間に「何をするか」が全く異なっていることを明らかにしている．つまり，障害を持つ年下のきょうだいが「いる」子ども達にとってはきょうだいの世話をする活動が一緒にいる時間の大部分を占め，共に過ごす時間は世話の延長であったというのである．

また，子ども達の「親からのしつけ経験」についても，「家族コンテクスト」

として「障害をもつ年下のきょうだいの存在」の影響を検討している．その結果，障害をもつ年下のきょうだいが「いる」子どもに対しての頻度の高いしつけは，その子どものきょうだい関係に対する肯定的な評価と関係していることが明らかにされている．逆に，障害をもつ年下のきょうだいが「いない」子どもでは，それはその子どものきょうだい関係に対する否定的な評価と関係していたのである．

　以上のような「家族コンテクスト」による「きょうだい経験」や「親からのしつけ経験がきょうだい関係の評価に及ぼす影響」の違いを，彼らはBronfenbrennerのいう「二次的効果」によるものとして説明している．我が国の研究においても，篠原ら（1991）が社会化，しつけ場面におけるきょうだいの間接的影響，場面を分析するために，父，母それぞれの養育行動を因子分析している．その中で，「日常において人間が社会化していく過程で身につけていく『自己をよりよくしようとする意志』として操作的に定義」する自己教育力を捉える項目の第一因子として「正のきょうだいモデル因子（きょうだいがほめられた場合）」，第三因子として「負のきょうだいモデル因子（きょうだいが叱られた場合）」を抽出している．彼らは分析の結果，「兄弟姉妹の父母からの賞賛，叱責場面はいずれも子どもの自己教育力を高める」と結論づけているがこれを「きょうだい達の態度に関する二次的効果」として捉えることも可能だろう．

第5節 ──「動態的」きょうだい研究への課題

　McHaleとCrouterは，家族成員は広い社会構造から孤立する存在ではないという生態学的視角に，家族は年齢やジェンダーによって階層化され，お互いに異なる興味やニーズ，資源をもつような人々のまとまりであるという視角を取り入れている．後者の視角は，特にきょうだい達が同じ家族にいながら異なった経験をもつという「非共有経験」に関する調査（Daniels et al. 1985, Quittner

& Opipari 1994, Crouter et al. 1995）で強調されてきたものである．これら2つの視角はどちらもきょうだい関係をコンテクストにかかわらず，常に同じ方法で機能するものとして，すなわち「静態的な」関係として分析してきたきょうだい研究に疑問を投げかけるものである．逆にその「複雑さ」に焦点を当て，関係が存するより大きなコンテクストへと注意を向けさせるものであるといえるだろう．

　従来，我が国の発達研究においては家族内のN＋2関係を考える際，母子の二者関係にさらに父親の存在を考慮する方向に関心が向けられ，きょうだい研究と結びつけられてこなかったと考えられる．それに対して，McHaleとCrouterはBronfenbrennerのいう生態学的環境のうちの家族に注目してその中に存する複数の子ども達を区別し，彼らのあいだの関係を分析の中心に据えようとしている．こうすることで，発達研究でBronfenbrennerが強調した，例えば母と子，父と子という二者関係だけでなく，三者，またはそれ以上の関係（N＋2関係）を扱うという視角をきょうだい研究に取り入れ，具体的なデータ分析を通してその実証を試みたのだといえるだろう．あるいは，環境要因としての家族が作り出すコンテクストがきょうだい関係に影響を及ぼすメカニズムを明らかにしようとしたのだともいえる．この点で，彼らの試みは本章の初めに指摘したような「静態的」きょうだい研究の限界克服を目指すものではある．しかし，そこではBronfenbrennerが例えば親と子，両者の双方向的な影響関係を研究することが必要であると主張するような，つまり，きょうだい研究にとってみれば複数の子ども達のあいだの関係性を個々のきょうだい関係として捉えなおした上での相互影響関係が十分に扱われているとはいいがたい．加えて，幼少期の一時点でのきょうだい関係が研究対象の中心とされており，幼少期から成人期以降へと続くような長期的な視点できょうだい関係が扱われてはいない．特に後者の限界は，Bronfenbrennerの生態モデルが実験室で幼い子どもとその母親を中心に行われた研究によって構築された枠組みであるが故だと考えられる．

だが，ここで再度 Bronfenbrenner の主張に目を向けると，具体的な研究としては取り上げられていないものの，関係をさまざまな環境との関わりで「生涯にわたって変化し続けるもの」として捉える視点が含まれていることに気がつく．さらには，Elder（1974＝1986）の研究を人間の発達研究における自らのモデルの効力と可能性を示唆するものとしてレビューし，その意義として「ある行動場面での出来事が，個人の能力や数十年後の全く違った行動場面での他者との関係に影響を及ぼすため，一つの行動場面の中で生じている影響は，その個人が人生の後半に他の行動場面に入り込むまで観察することができないことを証明した」点にあると主張している．Bronfenbrenner は，ある一時点でのみの作用ではなく，数十年後，あるいは人生の後半にまでも影響を及ぼすような作用に注目しようとしたのだとも考えられる．

　きょうだい研究の展開の中で関心が寄せられるようになった「『関係性の変化』が何によって引き起こされるのか」について追究しようとする時，Bronfenbrenner の議論は，関係を取り結んでいる当事者双方による「相互影響」と，直接かかわりをもたない人やコンテクストがそれに及ぼす「間接的影響」に目を向けさせるものであるといえる．McHale と Crouter は先に指摘したように，きょうだい関係を取り結んでいる当事者として複数の子ども達を個々に位置づけたが，彼らのあいだの関係性，なかでもその「相互影響」についての検討は未だ不十分であった．それは，McHale と Crouter がきょうだいという子ども同士の関係ではなく，むしろその存在すなわち当該親子関係には含まれない第三者としての子どもの存在が親子関係に及ぼす「間接的影響」の方により注目していたためだと考えられる．

　成人期の親族関係を分析した Allan（1979）は，「親族関係を，不連続の関係のまとまりとしてよりも，社会的ネットワークとしてみることの重要性を強調」している．本章での議論にひきつけてみれば，これは「間接的影響」を及ぼす「存在」としてだけでなく，「間接的影響」を受ける中心な関係性としてきょうだい関係を位置づけるものである．そしてその分析の中で，自分と自分のきょ

うだいの配偶者との関係，あるいは自分の配偶者と自分のきょうだいとの関係がどのようなものであるかによって自身のきょうだい関係が変化する，という側面に焦点を当てて分析を行っている．これは，「間接的影響」を及ぼすものとして単に「いる」という「存在」としてだけでなく，例えば自分と自分のきょうだいの配偶者との関係という「関係性」にも注目させるものだといえる．この Allan の分析は，きょうだい関係に作用するさまざまなメカニズムがきょうだいを取り巻く関係のネットワークとして捉えた時，初めて理解されうるということを例証している．

Bronfenbrenner はさらに「間接的影響」として Elder（1978）のいう「1つの行動場面の中で生じている影響は，その個人が人生の後半に他の行動場面に入り込むまで観察することができない」という加齢，あるいは時間的要素に注目している．Elder はきょうだい研究同様，青年期までに焦点が当てられていた発達研究の限界を克服しようとそれらの要素を取り入れ，ライフコースアプローチとして戦略化している．

Elder によれば，ライフコースとは個々人がさまざまな役割を連続的に，また同時的に演じながら人生を通じて移動する「経路」であるという．彼は人々の加齢に伴い，生涯にわたって起こる継起的役割移行に注目し，その際，個人によってなされる，個人の人生上の出来事と家族の出来事，そして時代・社会的出来事との折り合いづけ，すなわち「共時化」とその「タイミング」を問題にしている．Hareven（1982＝1990）はこれを「個人時間」，「家族時間」，「歴史時間」の相互関連として捉える．これら異次元での出来事が起こる「タイミング」と個人がそれらを「共時化」させる過程において重要視されるのが，個人とライフコースを共有し，証人になったり，影響を与えたり，あるいは後押しするような人生上の重要な他者の存在である．なかでも Hareven は「個人時間」と「家族時間」との関連を分析する際，集団としての家族ではなく，家族を構成する個人に焦点を当て，個人にとって中心的な人生上の重要な他者として家族成員を分析に取り入れている．

このような家族成員のうち，長い人生を他の誰よりも共にする存在として重要な意味をもつのがきょうだいなのである．「関係性の変化」という側面からみれば，きょうだい関係は加齢に伴って「家族としてのきょうだい」から「親族としてのきょうだい」へと変化する．その中で，きょうだいとの関係性が個人にとってもつ意味もまた人生を通して変化すると考えられる．個人がきょうだいとの関わりを，それを取り巻く家族，さらには時代や社会の変化の中でどのように意味づけ，変化あるいは持続させていくのか，という問題はすなわち，ライフコースアプローチが分析の焦点とする「タイミング」と「共時化」の問題である．

　以上の検討から，Bronfenbrenner が従来の研究に対して批判的な主張をしながら生態モデルの中でその視点を示すにとどまっている課題は，同時にきょうだい研究が抱えている課題でもある．それをクリアするためには，ライフコースアプローチ，ネットワークアプローチの導入が有効であろう．これはきょうだい関係をその変化に注目して扱う，「動態的」きょうだい研究への展開を意味するものである．

注

1) 「感情的側面」としてきょうだいが相手に対して抱いている感情，「認知的側面」としてきょうだい間の葛藤場面における優位性，「行動的側面」としてはきょうだい喧嘩と日常的な接触の頻度から捉えられている．
2) 5分類とは，「対立関係スコア」，「たて調和スコア」，「よこ調和スコア」，「専制関係スコア」，「分離関係スコア」の5つであり，さらに，5分類中のよこの関係についてまとめる「よこ関係スコア（＝対立スコア＋よこ調和スコア）」，5分類中のたての関係についてまとめる「たて関係スコア（＝専制スコア＋たて調和スコア）」，きょうだい関係の全体的な相互作用についてまとめる「interaction スコア（＝対立スコア＋よこ調和スコア＋たて調和スコア＋専制スコア＝70－分離スコア）」という3つのスコアを算出する．
3) 環境の7局面として「家庭」，「学校」，「近隣」，「マス・メディア」，「盛り場」，「交友」，「社会観」が扱われている．前者4つについてはさらに具体的特性が質問項目によって捉えられ，数量化Ⅲ類により，順に，受容－拒否，放任－干渉，母親支

配-父親支配，厳格-甘やかしの4つ，否定的評価-肯定的評価，国公立-私立，進学-就職，教師帰属-クラス帰属の4つ，商店街-住宅街，住宅密集地-繁華街，人間関係親密-人間関係希薄の3つ，テレビ-本，雑誌接触量小-雑誌接触量大，ラジオ・新聞-マンガの3つ，の計14の説明軸が得られている．これらに後者3つに関する「盛り場に行く回数」，「友人数」，「社会観の厳しさ」の3つの変数を加えて17の変数とし，「環境変数」として設定している．

4）分析の結果，例えば「孤独感」という心理的特徴に最も深く関係する環境から順に「拒否的な親の存在」，「否定的な学校評価」，「厳しい社会観」と続いていることが明らかにされている．

5）この「生態学的環境」の第一のレベルは「マイクロシステム」であり，ここでの分析は個人が直接関わる行動場面（セッティング）のうちの1つに注目し，そこで行われる対面的相互作用に焦点が当てられる．第二のレベルは，個人が直接関わる複数の行動場面間の相互作用が分析される「メゾシステム」である．このレベルでの分析には，「マイクロシステム」での分析のように，個々の行動場面を切り離すのではなく，それらの相互関係を重視する姿勢がみられる．第三のレベルは，前の2つのレベルとは異なり，個人が直接能動的に関わらないが，その個人が直接関わる場面で生じる出来事に影響を与えたり，与えられたりする出来事が生じる場面が分析される「エクソシステム」であり，これは例えば行政機関のように外部にあって，「マイクロシステム」，「メゾシステム」との間に相互影響過程をもつものである．第四のレベルは「マクロシステム」であり，ここでは上記3つの各システムの形態と内容の一貫性，およびその基礎をなすような歴史，社会，文化の変化との関わりが分析される．

第2章

ライフコースアプローチとネットワークアプローチ

第1節 ── 関係性の変化は何によって引き起こされるのか

　本章の目的は，前章で導出された「動態的」きょうだい研究に向けての課題を受け，ライフコースアプローチとネットワークアプローチを統合し，高齢期きょうだい研究へと援用するためのモデルを提示することである．

　前章で論じたように，きょうだい研究の展開の中で「関係性の変化」に注目が寄せられる．しかし，その「関係性の変化」が何によって引き起こされるのかについて追究しようとする時，新たな課題が導出される．それは，関係を取り結んでいるきょうだい双方による「相互影響」と，直接関わりをもたない人やコンテクストがきょうだい関係に及ぼす「間接的影響」についての検討である．この「間接的影響」として，例えば自分と自分のきょうだいの配偶者との関係，あるいは自分のきょうだい同士の関係という「関係性」がきょうだい関係に及ぼす影響にも注目する必要がある．これはすなわち，きょうだい関係をそれを取り巻く関係のネットワークとして捉えることの必要性である．

　また，「間接的影響」として「ある時点での出来事が個人の人生の後半においてもつ影響」すなわち，そこに存する加齢，あるいは時間的要素にも注目する必要があり，これはきょうだい関係を幼少期から人生の後半である高齢期に至るライフコースの中で捉える必要性を意味する．では，この「関係性の変化」からみた高齢期とはどのような時期なのか．本章ではまず，きょうだいとの「関係性の変化」に影響を与えるいわばライフステージ上のコンテクストと

しての高齢期について検討する．そこから明らかにされた高齢期の特質についてその意味を考察しながら，ライフコースアプローチに関する先行研究を検討する．続いて，ライフコースアプローチに関する先行研究の中でも Plath の研究にみられるネットワークの視点に注目しながら，他のネットワークアプローチに関する先行研究についても検討する．以上を通して，本章での目的であるライフコースアプローチとネットワークアプローチを統合した高齢期きょうだい関係を分析するためのモデルを提示する．

第2節 ── 人間関係の再編成期としての高齢期

　高齢期においては一般に，それまで個人が保持してきた関係性が徐々に失われていくといわれる．また高齢期への移行によって得られた自由な時間を，その移行によって変化した関係の再編成へと振り向ける時期だともいわれている．高齢期における人間関係再編のあり様について藤崎（1998）は，高齢期以前に形成された関係が，内容的に修正を加えられながら持続していたり，それまではごく弱い絆として潜在化していた関係が再活性化されていたことを明らかにしている．そして，このような関係性の典型として児童期，青年期の同窓生とのつきあいをとりあげ，彼らとの関係は各自の社会的立場が多様に分かれて目先の生活に追われる成人期にはしばしば衰退するものの，高齢期になって時間的に自由がきくようになると，若かりし日へのノスタルジーも手伝って再び深まる傾向があることを見出している（藤崎 1998：111）．

　高齢期女性の生活における友情の重要性を分析した Jerrome（1981）も，回答者の多くが既存の関係を基礎にしながらそれを以前よりも親密な友情に進展させていたことを指摘している．また，調査対象者の中で兄弟姉妹と親しい人の多くが，比較的最近，すなわち，高齢期になってから親しくなったことを明らかにするなど，高齢期における関係の再編成期において，きょうだいとの関係もクローズアップされてくることを示唆している．

高齢期の友人関係について分析したAllan（1989＝1993）は，高齢期において特に重要な機能を果たす友人として，古い友人と年齢の近い友人に注目している．古い友人との関係については，高齢者にとってその関係性が活発でないとしても，長く続いているというまさにその理由によって重要な機能をもつことが可能であると主張する．なぜなら，古い友人は昔からその人のことを知っており，時の試練に耐えてきているため，新しい友人には必然的に欠落している個人史なるものをもっている．その結果，古い友人は互いの経験を確認し，その個性の意義を認め合うことによって高齢になっても意味と連続性を提供してくれるのに役立つからである（Allan 1989＝1993：142-143）．

　また高齢者にとって年齢の近い友人は，同世代であるということから類似した関心を共有し，時代の出来事を共通の方法で解釈，理解することができること，そして互いに人生の残り時間が尽きつつあるという認識をもつために過去の良い時代，悪い時代について共に思い起こすことができるからであるという．同様の理由から，時代をみる眼と共通の背景を分かち合っているためにかつては目立たなかった兄弟姉妹との関係が年老いた時には重要になる（Chappell 1983, Jerrome 1981）と，高齢者にとってきょうだいはAllanがここで年齢の近い友人の機能としてあげた機能を果たし得る存在とされている（Allan 1989＝1993：147-148）．

　以上から，次のことがわかる．第一に，高齢期における人間関係の再編成において，高齢期以前の関係も重要であること，第二に，高齢期における人間関係が果たす機能として，それまで生きてきた人生の意味や連続性の提供，人生の残り時間や過去の時代感覚の共有があり，その機能をきょうだいも果たし得るということである．そしてこれらの知見は，高齢期のきょうだい関係を分析する際に重要なことを示唆する．それは，高齢期における人間関係のあり様がライフコースの過程でさまざまな変遷をたどってきた結果として捉えられるべきであり，その際には，それまで人々がもってきた「関係性の歴史」が重要になってくることである．つまり，高齢期におけるきょうだい関係のみならず，きょ

うだいとの関係がライフコースをとおしてどのように育まれてきたのかを分析する必要があるということである．昔からの友人や年齢の近い友人と同様の理由から，きょうだいとの関係も高齢者にとって重要な機能を果たす可能性がある．ではなぜその人々との関係性が高齢者にとって重要であるのかを明らかにするためにも，彼らとの「関係性の歴史」に注目する必要がある．

そこで次節では，高齢期における人間関係の再編成はなぜこのような特質をもつのかについて，ライフコースアプローチにかんする先行研究を検討しながらもう少し詳細にみていくことにしよう．

第3節 ── 高齢者にとっての「成熟」と「関係性の歴史」

私たちは時代や社会，家族を中心とするさまざまな人々との関わりの中で，彼らに導かれ，その影響を受けながら人生を歩んでいく．このように，「にんげん」を孤立的，独立的な「個人」としてではなく社会的な「人間」として捉え，個人の生涯経歴（パーソナル・キャリア）に注目したのが浜口である．浜口（1979）は，このパーソナル・キャリアをその人をめぐる対人関係の側から捉えなおしたものとして「社会的経歴（social career）」概念を提示している．「社会的経歴」とは，「対人関係状況が個人の経歴に対してどのように作用し，また，当人のそうした状況への対処がいかなる結果をもたらしたか，という視角から眺められた個人の履歴」である，「生涯にわたるインターパーソナル・キャリアだ」という（浜口 1979：15）．ここから，浜口は「社会的経歴」概念を用いることによって，当人の展開した人的ネットワークに焦点を当て，社会関係レベルでの経歴分析の用具にしようとしていることがわかる．また，「社会的」という表現から，そこにはたとえ扱われる履歴が個人のものであったとしても，社会の側からの要請と期待に対して当人がどのように応え，対処してきたか，という社会的なコンテクストの中での「経歴発達（career development）」として捉えようとしている姿勢がうかがえる．

浜口のいう「社会的経歴」の捉え方は，大衆長寿の現代においては注目すべき視点を含むものとなる．大衆長寿とは，人々が共に長生きするということであり，個人の履歴を形づくる他者との関係がこれまで以上に長期にわたることを意味する．そのため，個人の生涯経歴を対人関係から捉えようとする時，その他者との関係がもつ持続性，累積性への注目が不可欠になるのである．これを「時間の奥行き（time depth）」の問題として注目したのが Plath である．Plath（1980＝1985）も個人の成熟を捉える際，浜口と同様「他者たちとの長いかかわりあい」（Plath 1980＝1985：6）という対人関係に注目している．そして，さらにそこに存する「時間の奥行き」を際立たせるため，人間の成熟と加齢現象を分析する新たな分析概念として，(1)「文化的道筋（pathway）」(2)「コンボイ（convoy）」(3)「持続的な自己イメージ（perduring self-image）」の3つを提示する．

　ここで(1)「文化的道筋」とは，「人びとが文化的価値をみずから実現していくためのライフコースの方向指示」（Plath 1980＝1985：24）である．次に(2)「コンボイ」とは，「関与者たち（consociates）」[1] 一般ではなく，ある人の人生のある段階を通じてその人と共に歩み，その人の人生を推進し規定する同行集団を意味する．「社会の側からみれば，特定個人の成熟と加齢を後援するために差し向けられたグループであり，個人の側からみれば，自己の存在を証明してくれる第一次的な陪審員」であるという．最後に(3)「持続的な自己イメージ」とは，「各人が自分の私的なライフコースを切り開いていく際に重要な指針となる自己イメージ」である（青井 1985：103）．なかでも，人間の成熟を「長い人間的かかわり合いの中で，互いに自己を主張しあい，説得しあい，そして折り合いをつけ，相互に承認しあうという過程の中から社会的に生み出される」とし，その中核に(2)「コンボイ」を位置づけている．言い換えれば，「道筋」を与えたり，あるいはそれとその人のライフコースのズレを共に確認，正当化したりすることによって，その人の「持続的な自己イメージ」を形成するのに中心的な役割を果たすのが(2)「コンボイ」なのである．

人々が「時間の奥行き」の中で「コンボイ」と行うこのような相互作用を，Plathは次の3つの作用からなる「成熟のレトリック（the rhetoric of maturity）」活動（Plath 1980＝1985：15）として分析する．第一に「確認（identification）」であり，これは，ある個人とその「コンボイ」とが，成熟と加齢に関する標準的な文化的時間割に照らして，自分が適切な時間割に従っているか否かについて，一定の合意に到達する必要があることを示している．第二に「正当化（justification）」である．これは，個人が「コンボイ」と折り合いをつけ，合意形成を行うプロセスでは「確認」事項に対する文化的妥当性についての根拠付与が必要とされることを示す．第三に「予測（projection）」であり，これは前の「確認」「正当化」を経て形成された合意事項を未来に投射し，お互いの人生を設計するための基礎として用いられることを意味するものである．これら一連のプロセスを繰り返し，人生に対する意味づけと連続性の付与を行う過程が，本研究で注目する「コンボイ」との「関係性の歴史」なのである．高齢者にとってきょうだいとの関係がもつ人生に対する意味づけと連続性の付与機能を幼少期から高齢期にわたる時間の流れの中で追究するにあたり，本研究ではPlathの「成熟のレトリック」論をきょうだい関係に援用する．

　Plathはこのプロセスの中で個人がコンボイとの「絆の中にその人とともにした経験の歴史をおりこみ，相互の責任感，敬意，愛情，仲間意識などを育んでいる」ことを指摘する（Plath 1980＝1985：118）．そのため，「合意の仕方，折り合いのつけ方をお互いの関係の中で，あるものから別のものへすばやく切り換えていける能力（Plath 1980＝1985：331）」が重要になる．なぜなら，その能力のおかげで，「コンボイ」と「あらゆる相互的役割を共同で創造し，互いにpersonとして教化（cultivate）しあ」い，その絆を多面的なものにできるからである．この点についてPlathは，当初，嫁姑という「役割上の絆」であったものが「同時に愛情の絆，共感の絆，共有経験の絆ともなっており，さらには感謝の絆さえ生まれ」，知らず知らずのうちに実の母娘のような関係になっていた女性の事例や，妹たちが娘のようなものであり同時に本当の友達となっ

ている女性の事例をあげながら,「コンボイ」との「きずなはパーソナルでかつ多面的」になると説明する.

　また,結婚後,小学校から女学校時代の友人との関係を「よみがえ」らせ,頻繁に会っている女性の事例を取り上げながら,この女性にとって友人達は,「昔から彼女を知っている」ために「立派な妻,立派な母親になったという特別の証明」,すなわち,個人の成長や人生そのものを確認し,それに対する確証を与えてくれる存在であることを強調している.その際,合意を表現する1つの方法が,彼女をかつて少女時代には「甘やかされた娘」だったとみなすことだという.ここで重要なのは,実際には彼女が「甘やかされた娘」でなかったとしても,「コンボイ」とのあいだでそうだったと確認された場合には,それが「現実」として彼らのあいだでは通用するということである.加えて,「コンボイ」との関係は結婚などによってある期間,一見,途切れているようにみえていたとしても,それは潜在化しているだけであり,すぐに「よみがえらせる」ことができるようなものであることがわかる.高齢期における人間関係再編を通じて「コンボイ」との関係は「よみがえら」され,人生の意味を実感するのに不可欠な「生の確証」というフィードバックを得ようとするのである.しかも,「コンボイ」は互いの合意事項を「現実」として人々の生活史を認定することによって,より具体的で個別的な形で人生の意味を実感させてくれるのである (Plath 1980＝1985：327).

　高齢期の友人関係について分析した Allan (1989＝1993) が,高齢期において特に重要な機能として,「互いの経験を確認し,その個性の意義を認め合うことによって高齢になっても意味と連続性を提供してくれる」(Allan 1989＝1993：142-143) ことをあげているが,ここで Allan のいう「互いの経験を確認し,その個性の意義を認め合う」ことを通して得られるのが高齢者にとっての「成熟」にほかならない.そして,高齢者が社会的な「人間」として「成熟」していくために必要不可欠なのが「コンボイ」の存在であるといえよう.

　従来,社会学でも「重要な他者」といった概念を用いてアイデンティティの

中核を担う人々との関わりは扱われてきたが，Plath が「コンボイ」という新たな概念を用いて強調しようとしたのは，「重要な他者」との単なる関わりではなく，「長期にわたる相互的な」関わり，すなわちそこに存する「持続と累積の要素」(Plath 1980＝1985：330) なのである．Plath は「コンボイ」を「私たちの生まれる前から死後も長らく，私たちの人生の意味を再検討し続ける」存在として捉えており，高齢期の社会化を考える際には，とりわけこの持続性と累積性が重要な意味を持つ．それ故，高齢期において高齢期以前の関係が再活性化されると考えられ，高齢期の社会化のエージェントとしてのきょうだい関係を分析する上でもその「関係性の歴史」への注目が不可欠となるのである．

第4節 ── コンボイネットワークモデルの提示

　高齢者の「成熟」にとって中核的な影響を与えるものとして「コンボイ」を位置づけ，その機能を概観してきたが，Plath は「コンボイ」たちをひとまとまりにして，個人にとっての「同行集団 (convoys)」としている．ここで注意しなくてはならないことは，Plath 自身も述べているように，「同行集団」とは「集団」となっているものの，「そこには説明されるべき『社会的連帯』は存在しない」(Plath 1980＝1985：203) ということである．そのため，一般に「集団」の中で捉えられている関係性とは異なり，普段個人は，さまざまな個別的な場面で自分の「コンボイ」たちに別々に会っていることが多く，1人の人間のコンボイたち「全員が一堂に会す機会があるとすれば，それはおそらく通過儀礼のとき以外にないだろう」という．だからといって平凡な日常の生活の中ではコンボイは「何の働きもしていないということではなく」，コンボイの「日常の働きは識別しにくいというだけのこと」なのである (Plath 1980＝1985：201)．当然ながら，「コンボイ」の中には家族成員としてのきょうだいとの関係も含まれるであろうが，「コンボイ」としてきょうだい達を捉えることによって，きょうだい達との関係も「個人にとってどのような意味を持つのか」という個人の

視点から捉えなおすことができる.

このように，Plathは個人にとっての「コンボイ」を，個人を中心とした1つの「まとまり」として捉えていながらも，その「まとまり」の構造については触れていない．しかし，Plathは「コンボイ」たちとの関係を「エゴを焦点とする結びつきであり，エゴ依存的なもの」(Plath 1980＝1985：203) として捉える視点を提示している．そして，個人をそれぞれにユニークな共同体験の歴史を持つ「コンボイ」たちの「相互作用の網状組織（ウェッブ）を体現」(Plath 1980＝1985：203) するものとして捉え，そのネットワークの結節点として，長い人生行路の中で展開していくところの人間性を分析しなければならないと主張する（青井 1985：116-117）．

Barns (1969＝1983) は，ネットワークを連結している具体的な相互個人間の関係に注意を払った行為者である個人中心的概念として，「第一次星型結合 (first order star)」(Barns 1969＝1983：53) 概念を提示している．ここでBarnsがstar概念を用いて捉えようとしたものは，Plathのいう個人を中心とした「コンボイ」たちとの「まとまり」の構造であるといえる．そこで，このstar概念についてさらに検討を加えていくことにする．

このstar概念を使った分析ではまず，全体ネットワークにおける位置を分離するため，ある人物 a を中心に据え，その人物の立場からネットワークを捉えるという方法が採られる．こうすることで，a が構成している数々の二者関係をその分離したネットワークの中で捉えようとしているのである．その結果，a を中心とした放射状に広がる複数の線で描かれる関係性が現れ，これを社会関係における a の star とするのである．この star のうち，特に a が「直接」取り結んでいる関係性を a の「第一次星型結合」としている．家族の社会的ネットワークを分析した野尻 (1974) も，「実証的にソーシャルネットワークを定義する際には，研究の目的に応じて全体ネットワークから部分を切り取る」必要があると，家族を中心にした部分ネットワークを Barns の star 概念で捉えている．この star を構成するものが「リンケージ」であり，「リンケー

ジは，スターを構成する線によって代表され」るという．部分的ネットワークを個人を中心に形成された複数の具体的な二者関係からなる star 構造として捉え，分析しようとすれば，それはすなわちその star を構成する「リンケージ」を分析することとなる．

　Allan（1977，1979）は，夫婦双方に対して行ったインタビューをもとに個々人の社交性の star を質的に分析している．Allan は親族関係を不連続の関係のまとまりとしてよりも，社会的ネットワークとして捉えることの重要性を強調し，「きょうだい関係は，親族，非親族関係を組織するうえでの重要な差異を，もっとも適切に示す」としてきょうだい関係に焦点を当てた分析を行っている．野尻が家族を取り巻くサポート・ネットワークのあり様を star 概念で捉えていた視点をもって，Allan は個人が取り結んでいるきょうだいを中心とした親族の社交的な関係を star 概念で捉え，親族関係がきょうだい関係に与える影響のメカニズムを，質的データから明らかにしようとしたのである．Allan は親族の社交性の star の中で親族がきょうだい関係に与える影響を説明する際，次の2つの概念を用いている．1つが「構造的なチャンス（structured chance）」（Allan 1979：112）である．Allan は，親族という構造の中に存するが故にその中において「偶然性」が働き，結果としてきょうだいとの相互作用が行われている事例を説明するのにこの概念を用いる．もう1つは「ネットワーク効果（network effect）」（Allan 1979：107）である．これは，自身ときょうだいの配偶者との関係や自分の配偶者と自分のきょうだいとの関係のあり方によって，きょうだい関係が影響を受けるメカニズムを説明するのに用いられる．

　さらにこの2つの概念は相互に絡み合ってきょうだい関係に影響を与えることもある．例えば，結婚式，葬儀，クリスマス，あるいは銀婚，金婚式といった親族で執り行われる多くの文化的儀式は，きょうだい達が親族という構造の中にいるが故に作り出された「構造的なチャンス」としてきょうだい達の関わり合いを促進する．加えて，ある人がその儀式の主役の人と親族的つながりがあるという理由でこれらの儀式に招待されるというように，そこには「ネット

ワーク効果」も作用しているというのである．Allan の分析は，きょうだい関係に作用するさまざまなメカニズムがきょうだい関係をネットワークとして捉えた時，初めて理解されうるということを例証している．

　ここまで，高齢者にとっての「成熟」とその中核に位置づけられていた「コンボイ」概念について検討してきた．Plath は，個人の成熟を捉える概念として「コンボイ」概念を導入したが，そこには大きく2つの視点が含まれる．1つは成熟のプロセスにおける持続と累積の視点であり，もう1つはネットワークの視点である．Kahn ら（1981）はこの Plath のコンボイ概念を，人々を取り巻く3つの同心円のセットからなるコンボイシステムとし，個人のサポートネットワークの生涯にわたる変化を捉える分析枠組みへと拡張している．そこで Kahn らが提示したコンボイシステム（図2-1）に批判的検討を加え，それにこれまで検討する中で得られたさまざまな概念を導入することによって，高齢期のきょうだいを分析するための新たな分析枠組みを提示することにする．

　Kahn ら（1981）はまず，Convoy Mapping Procedure という方法[2]で対象者自身に3つの同心円[3]へとコンボイを分類させ，各コンボイに関してそれぞれ構造的，機能的特徴[4]に関する一連の質問をする．また，「時間」の視点を考慮するために718人の対象者をヤング・オールド（50歳〜64歳），ミドル・オールド（65歳〜74歳），オールド・オールド（75歳〜95歳）の3つの年齢集団に分け，「年齢（Age）」，「円の位置（Circle placement）」とネットワーク構造の特質との関連については共分散分析（ANOVA）を行っている．その結果，きょうだいやその他の家族メンバーは2番目の円の中で最も目立つ存在であり，ミドル・オールドの人の方が他の年齢集団の人よりも友人の重要性が高いことなど年齢集団によって関係性の重要性が変化しうることが明らかにされている．

　しかしながら，第一に，コンボイシステムでは Convoy Mapping Procedure によってそれぞれの同心円に含まれる関係性が数えあげられてはいるものの，3つの同心円に分類させる基準があいまいである．きょうだいに焦点を当てる分析枠組みを構築しようとする本章の目的によりひきつけて考えてみれば，コ

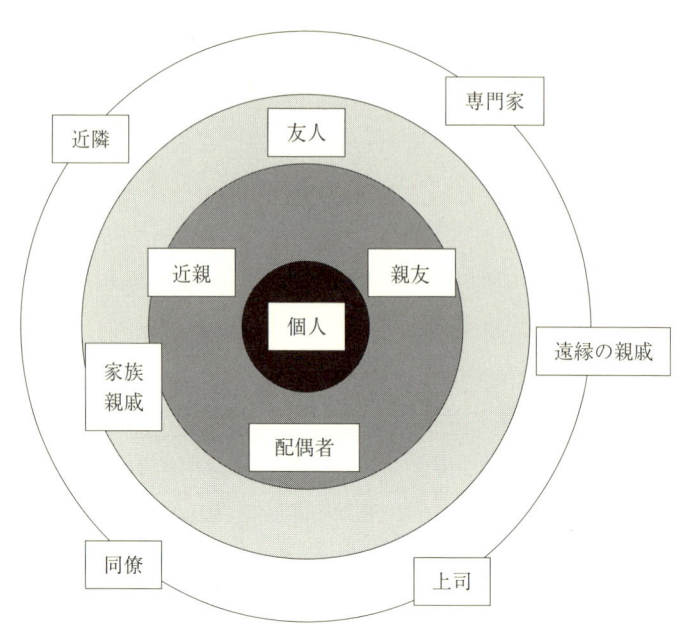

図中ラベル:
- 個人（中心）
- 近親、親友、配偶者、家族親戚（2番目の円）
- 友人、近隣、専門家、遠縁の親戚、同僚、上司（外側の円）

注：
■：生涯にわたり安定的で、もはや役割依存的ではないコンボイ成員が含まれる円
▨：生涯において可変性をもち、いくらか役割依存的なコンボイ成員が含まれる円
□：役割関係と直接結びつき、役割変化に対して脆弱なコンボイ成員が含まれる円

資料：Kahn & Antonucci (1981) をもとに作成.

図2-1 コンボイシステムモデル

ンボイシステムでは2番目の円にきょうだいが多く含まれることが明らかにされているものの、2番目の円の中できょうだい達がどのような関係にあるのか、あるいは個人ときょうだいとの関係に他のコンボイ成員たちがどういう影響を与えたり与えられたりしているのかといったことについては明らかにされていない。これは先で検討したコンボイ構造の問題であろう。個人の成熟のための中核に位置づけられている「同行集団（convoys）」は、Plath自身も言及していたようにあくまでも「まとまり」であって「集団」ではない。しかし、コンボイシステムにおいては、あいまいではあるものの中心となる個人のもつ親密さの度合いによって3つの円で仕切られた「集団」に「コンボイ」たちを分類し、

分析しているといえる．この点については，Plath は個人を「コンボイ」たちとの間のネットワークの結節点として捉えていることから，コンボイ構造を個人を中心とした star として捉え，それぞれの「リンケージ」を分析する方法が有効であろう．「コンボイ」たちを3つの同心円で仕切るのではなく，個人を中心として放射状に広がる star として捉えることから，これを従来のコンボイシステムに対してコンボイネットワークと呼ぶことにしたい（図2-2）．

コンボイネットワークでは，個人を取り巻くコンボイ集団を，中心となる個人と各コンボイとの二者関係，すなわち「リンケージ」として捉え，各「リンケージ」は個人を中心に形成されるネットワークの各部分を構成するものとして位置づけられる．その結果，コンボイシステムで同じ円の中に位置づけられていたきょうだい間の「リンケージ」や個人ときょうだいとの「リンケージ」に他の「コンボイ」との「リンケージ」が及ぼす影響などコンボイシステムでは違う円に位置づけられていたために分析されてこなかった「リンケージ」をも分

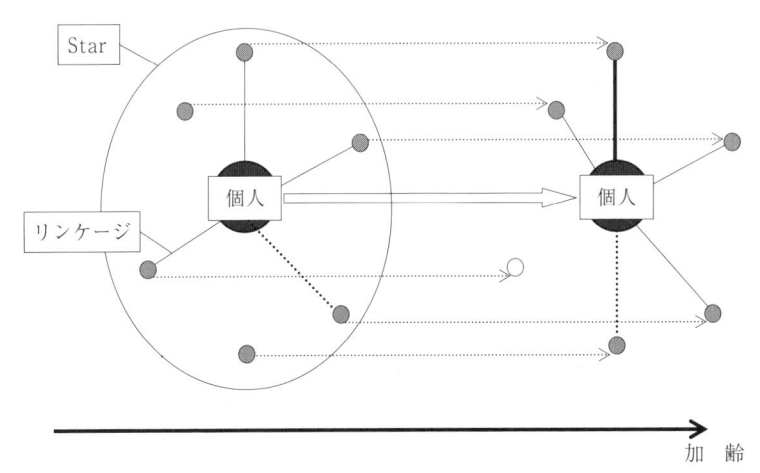

注：●：その時点で健在であるコンボイ，○：その時点で亡くなっているコンボイを示す．
……：潜在化した「リンケージ」，━━：複紐帯化した「リンケージ」，個人からコンボイへの線がない場合は，その時点でそのコンボイとの「リンケージ」が形成されていない，あるいは消滅してしまっている様子を示す．

図2-2 コンボイネットワークモデル

析することが可能になるのである.

　第二に,そもそもコンボイとは個人にとってのものであるのに,コンボイシステムでは個人の生涯にわたる持続と累積の要素が考慮されておらず,年齢集団別の横断的な比較分析から加齢に伴う一般的な変化の傾向を指摘するにとどまっている.そのため,結局,個人の生涯にわたるコンボイの維持や変化がどのようなメカニズムでひきおこされているのかについては明らかにされていない.これはすなわち先に検討した「時間の奥行き」の問題である.コンボイネットワークモデルでは,コンボイ構造を個人を中心とした放射状のstarとして捉え,そのstarを構成する「リンケージ」を分析することになるが,ここで「時間の奥行き」の問題を考慮するならば,それはすなわち「時間の奥行き」を考慮して「リンケージ」を分析することに他ならない.

　「リンケージ」を量的に分析する方法を提示しているBoissevain（1974＝1986）によると,「ネットワークの構造上の輪郭は,個人の生涯にわたって変化しつづける」として,ネットワークの構造上の輪郭,すなわち「リンケージ」を捉えるさまざまな基準の変化として「時間の奥行き」を扱おうとしている.具体的には,若い頃はstarが小規模で,密度と多重送信性は高い得点を示すが,成長し,活動領域が家庭を超えて拡大するに従って,starは拡大しつづけるという.そして,その拡大に伴ってstarを構成する「リンケージ」の多重送信性は低下してくる.ここで示されている変化は,若い頃に形成された「リンケージ」が加齢に伴い潜在化していく過程である.Boissevainはstarの「構造上の基準」の1つである「規模」を捉える際に,潜在リンクをも考慮した全リンク数として捉えている.Boissevainは,それまで考慮されていなかった潜在リンクをも考慮することで,ある状況においてなぜ同じstarを構成する「リンケージ」の中でも活性化したりしなかったりするのかという問題についても扱うことを可能にしたのだといえよう.このような「リンケージ」の潜在化の傾向は,人生の後半まで続くが,やがて知り合いが亡くなることによって既存の「リンケージ」が消滅し始める高齢期がやってくる.Boissevainのいう,高齢期にお

ける star 構造の変化,すなわち多くの「リンケージ」を単紐帯関係から複紐帯関係へ転換するという変化(Boissevain 1974＝1986：102-103)が,まさに高齢期における関係の再編成を示すものである.

「リンケージ」は Plath の提示した「コンボイ」との確認と説得における「確認」「正当化」「予測」という3つの作用によって「時間の奥行き」を考慮しながら質的に分析,説明することが可能になると考える.また,過去の自分が生きた歴史的諸条件と現在の自分が生きる歴史的条件というような star を取り巻く社会や時代の変化も,「成熟」のメカニズムの中の「コンボイ」との合意形成の過程における時間的規範として考慮されるのである.

本章で新たに提示したコンボイネットワークモデルは,個人に焦点を当て,その多様化を強調するこの2つの視角を統合したものである.コンボイネットワークモデルによって,これまで個々のきょうだいがひとくくりにされ,集団の中のある時点での関わりが分析されていたきょうだい関係が,個人を中心とした「まとまり」の時間的変化として捉えなおされることになる.高齢期のきょうだいにおいては,とりわけそのような時間的変化の中での持続性・累積性,「まとまり」というネットワークの視点が重要であり,ここに注目することで,ある時期には関わりがないようにみなされていた関係性が実は潜在化しているだけであったり,潜在化の要因として別のきょうだいや親族が影響していたりといったきょうだい関係のより動態的な側面について解明することが可能となろう.

注
1) Schutz の概念で,その人がいつかどこかでたまたま出会う人々である「接触者(associates)」に対して「関与者たち(consociates)」は,長期にわたってある程度の親しさをもってその人が関係を保つ人々であり,それは友人,恋人,親類,同僚,クラスメートなどから成る(Plath 1980＝1985：14).
2) 具体的には,「非常に親密でその人がいない生活は想像できない人」,「そこまで親密だとは感じていないが,あなたにとって依然としてとても重要な人」,「ま

だあげてない人で，あなたのパーソナルネットワークを占めるのに十分なぐらいにあなたの生活において親密であり重要な人」をそれぞれあげてもらい，順に最も内側の円，2番目の円，外側の円に位置するコンボイとする．

3）この3つの円には，一般的に次のような特徴があるとされている．最も内側の円は最も重要なサポートの提供者と受取者を含み，それは中心に位置する人がとても親密だと感じている人でもある．また，ここに含まれる人との関係は役割依存的でなく比較的生涯にわたって安定的であり，多くの異なったタイプのサポートの交換が行われる．2番目の円は，ある程度親密で，役割依存的な関係にある人を含むものであり，1番外側の円は，中心に位置する人が親密だと思っていながら役割依存的な関係にある人を含むものである（Antonucci & Akiyama 1987：519）．

4）ここで構造的特徴とは，ネットワークのサイズ，年齢，性別，どの円に位置しているのか，中心とする人物との関係（例えば夫婦，子ども，きょうだい，友人など），関係がスタートしてからの期間，接触頻度，そして最後にネットワークメンバーと中心とする人物の家との距離である．機能的特徴とは，「信頼（confiding）」，「安心（reassurance）」，「尊敬（respect）」，「病気の世話（sick care）」，「落ち込んでいる時の相談（talking when upset）」，「健康についての相談（talking about health）」の6つである．

第Ⅱ部

高齢期におけるきょうだい関係の実証研究

第3章

研究の概要と対象者のスケッチ

第1節 ── 量的・質的両面からのアプローチ

　日本において高齢者たちがきょうだいとどのような関わりをもっているのか，またそれを規定している要因は何であるのかを，きょうだい関係を中心に据えて実証した研究は未だほとんどなされていないのが現状である．本書の第Ⅱ部では，質問紙調査で得られた量的データを用いて高齢期におけるきょうだい関係の横断的な実態の提示とそれを規定する要因の分析，考察と同時に，インタビュー調査で得られた質的データを用いての分析，考察をも行う．このように実証研究においては，量的，質的両側面から高齢期きょうだい関係にアプローチする．

　具体的には，はじめに量的データを用いて高齢期における横断的な実態とそれを規定する要因を明らかにする．それは，第Ⅰ部でも指摘したように，そもそも日本において高齢者たちがきょうだいとどのような関係を取り結んでいるのかさえもほとんど明らかにされていないためである．本研究では，さらにきょうだい関係といっても高齢期における社会化のエージェントとしてのきょうだいとの関係追究を目的にしている．そのため，まずきょうだい関係の実態を明らかにすることで，それがこれまで先行研究で行われてきた方法では捉えきれないきょうだい関係側面であることを確認する．同時に，きょうだい関係が何によって規定されているのか，またそれと主観的幸福感とはどのような関連をもっているのかを追究することにより，高齢期における社会化のエージェント

67

としてのきょうだい関係を追究するためには,「関係性の歴史」への注目が不可欠であることを浮かび上がらせる.すなわち,高齢期におけるきょうだい関係の横断的実態を押さえ,その実態からコンボイネットワークモデルを援用したより詳細なきょうだい関係分析の必要性を示すのが第4章,第5章で行う量的研究の位置づけである.そのうえで,それらが高齢期の社会化の中でどのように現れてくるのかというより詳細なプロセスを,第2章で提示したコンボイネットワークモデルを援用しながら追究するのが続く第6章,第7章で行う質的研究である.

以上の分析,考察に先立ち,本章ではまず質問紙調査の概要について述べた後,調査対象者の属性を示す.そして,そこで得られたデータを用いて,我が国の高齢者たちが取り結んでいるきょうだい関係の横断的な全体像と実態を提示する.続いて,同じく事例調査についてもその概要と対象とする事例について述べる.事例調査から得られたデータは,第6章,第7章での分析に供される.そこでは,先に述べたように第2章で提示したライフコースアプローチとネットワークアプローチを統合した「コンボイネットワークモデル」を用いた個別事例の分析を通じて,第4章,第5章から得られた知見の具体的意味を追究していくことになる.そのため,後の第4章から第7章で行われる具体的な分析に先立ち,本章では「コンボイネットワークモデル」を実証的に適用していく方法についても調査概要とあわせて論ずる.

第2節 —— 質問紙調査の概要と対象者

本研究で行った質問紙調査は,筆者が2002年9月〜11月にかけて大阪府A市の12の老人会を対象に実施したものである.老人会を対象にした理由は,誰でも参加でき,活動も高齢者にとって身近な地域で行われているため,経済状況や健康状態などの影響が比較的少ない形での高齢者の実態把握が可能だと考えたためである.

A市の老人会は195あり,所在地域によって4つのブロック（東部,中部,北部,南部）に分けられている.名目上の総会員数は1万4195人（名簿上は会員になっているが,健康等の理由により,会合に参加できない人が数多く含まれている）である.A市住民基本台帳（2002年10月1日現在）によると,60歳以上の人口が8万9730人であるから,A市の全高齢者の約15.8%が老人会の名目上の会員になっていることになる.調査に際してプライバシーの問題上,市役所にて市にある老人会の代表者の連絡先に関する情報は得られなかった.だが,老人会は毎年小学校で行われる敬老会や作品展に関わったり,老人会で作った手縫いの雑巾を小学校へ届けていたりと小学校との関わりのあるところが多いということであった.そこで,4つの地域ブロックそれぞれから1つの小学校を選定し,各小学校の校長先生よりその小学校区にある全ての老人会(計16)の代表者を紹介してもらい,調査を依頼した.そのうち実質上活動をしていなかったり,老人会代表者の健康状態等の理由から拒否されたりしたものを除いた12が本調査で対象とした老人会である.各老人会の名簿上のみの会員を除いた実会員数（配布数）,回収数,有効回答数は表3-1に示したとおりである.

表3-1 対象とした老人会別の実会員数（配布数）・回収数・有効回答数

老人会	a	b	c	d	e	f	g	h	i	j	k	l	計
地域ブロック	東部	東部	中部	中部	中部	北部	北部	北部	南部	南部	南部	南部	
実会員数(配布数)	30	41	27	42	45	13	14	28	19	30	14	25	328
回収数	22	33	27	42	38	13	14	28	19	29	14	25	304
有効回答数	19	31	25	41	36	12	14	28	17	25	13	25	286

調査方法は,定例会や誕生会など定期的な会合の出席会員全員にその場で一斉に記入してもらう方法（集合調査法）と,老人会代表者に調査票の配布,回収を依頼した委託留置調査法を併用した.配布数は328票,有効回収数は286

票,回収率は87.2％である.この有効回答者286名のうち,一人っ子である(きょうだいをもたない)14名,きょうだい数の記載がなくそれが不明の2名を除いた270名が本論文での分析対象者である.

第3節 ── サンプル属性

続いて,分析対象者270名の主な属性とその特徴についてA市全体の高齢者状況[1]と照らし合わせながら概観しておこう(表3-2).本調査での分析対象者270名のうち男性が19.3％,女性が80.7％である.A市全体での60歳以上の男女の割合(男性44.2％,女性55.8％)からみると,本調査での対象者は女性の割合がかなり高い.このことは,他の地域活動と同様,地域に密着した老人会活動も女性を中心に展開され,男性の参加者が少ないという実態を示していると考えられる.

表3-2 A市全体での高齢者と本調査での対象者の属性

		A市全体(%)	本調査対象者(%)
性　　別	男	44.2	19.3
	女	55.8	80.7
年　　代	60歳代	56.2	24.8
	70歳代	30.7	52.2
	80歳代以上	13.1	23.0
学　　歴	義務・初等教育	24.9	20.5
	中等教育	45.7	49.4
	高等教育	18.2	30.1
居　住　歴	5年未満	―	4.4
	5年～10年未満	―	6.3
	10年～20年未満	―	11.9
	20年～30年未満	―	16.3
	30年以上	―	61.1

年齢[2]は，本調査での対象者（N = 270）では最年少の60歳の人から最年長の人で94歳にまでわたる．年代別では60歳代が24.8%，70歳代が52.2%，80歳代以上が23.0%，平均70.1歳である．一方，A市全体では60歳代が56.2%，70歳代が30.7%，80歳代以上が13.1%であるから，本調査での対象者は高齢層の比率が高いといえる．神戸のシルバーカレッジの受講者を対象にした安達（1999）の調査では男性で65歳から74歳までの前期高齢者が多かったことと比べると，やはり老人会は身近な地域で活動が行われているためか女性中心で高齢層も比較的多く，対象者の年齢，性別において異なった特徴がみられる．

　学歴についてもA市全体では義務・初等教育24.9%，中等教育45.7%，高等教育18.2%である．それに対して本調査の対象者（N = 259）では義務・初等教育20.5%，中等教育49.4%，高等教育30.1%と比較的高学歴なサンプルである[3]．現在の地域における居住歴（N = 270）は，「30年以上」が61.1%と半数以上であり，「20年以上30年未満」が16.3%，「10年以上20年未満」が11.9%，そして「5年以上10年未満」が6.3%，「5年未満」という人は4.4%とそれぞれごく少数である．

　では，本研究で着目するきょうだいについてはどうであろうか．表3-3に示したようにきょうだい数は，「2人きょうだい」から最多の人で「12人きょうだい」までおり，平均5.4人である．出生順位は，「1番年上」が26.4%，「上から2番目」が22.6%，以下，「3番目」と「4番目」が共に14.7%，「5番目より年下」である人が21.5%と続く．このように，平均で約5人と複数のきょうだいがいる対象者がほとんどである．しかも，その数は対象者によってかなりばらつきがある．

　本研究の主眼が高齢期における人生の再考，意味づけに関わる他者としてのきょうだいとの関係分析にあるため，きょうだいに関するより詳細な事柄については，「『現在の』あなたにとって最も大切な存在だと思うきょうだい」1人について回答を求めた[4]．その結果を示したのが表3-4である．表に示し

表 3-3　本調査対象者のきょうだい数・出生順位

(%)

きょうだい数 (N = 270)	2人	7.4
	3人	13.3
	4人	15.6
	5人	17.0
	6人	17.8
	7人	12.2
	8人	9.3
	9人	4.4
	10人	1.5
	11人	0.7
	12人	0.7
出生順位 (N = 265)	1番年上	26.4
	2番目	22.6
	3 〃	14.7
	4 〃	14.7
	5 〃	9.8
	6 〃	6.0
	7 〃	3.4
	8 〃	1.5
	11 〃	0.4
	12 〃	0.4

たように，そのようなきょうだいは「男きょうだい」であると回答した人は48.5%，「女きょうだい」とした人は51.5%であり，男きょうだい，女きょうだいほぼ同様の割合，さらに「年下のきょうだい」「年上のきょうだい」はそれぞれ50.0%と全く同じ割合で選択されている．ここから，最も大切なきょうだいとして必ずしも跡継ぎである長兄ばかりが多くあげられているわけではないこともわかる．

表 3-4 「現在の自分にとって最も大切なきょうだい」の属性

(％)

性別 (N = 229)	男きょうだい	48.5
	女きょうだい	51.5
対象者との性別構成 〔対象者／きょうだい〕 (N = 229)	〔男／男〕	13.5
	〔男／女〕	5.2
	〔女／男〕	34.9
	〔女／女〕	46.3
出 生 順 位 (N = 232)	自分より年下	50.0
	自分より年上	50.0
地理的距離 (N = 216)	同　居	1.9
	歩いていけるところ	6.9
	片道 30 分未満	6.9
	片道 30 分〜1 時間未満	16.2
	片道 1 時間以上	68.1

　次に，対象者本人の性別ときょうだいとの性別を組み合わせて，対象者ときょうだいの性別が「男男」「男女」「女男」「女女」という 4 つからなる「性別構成」をみてみよう．すると，対象者本人が女性というケースが多いため，「女女」という組み合わせの割合がもっとも多く 46.3%，「女男」が 34.9%，「男男」が 13.5%，そして「男女」が最も少なく 5.2% であった．表には示していないが，そのきょうだいとの年齢差は「3 歳差」の割合が最も高く 15.3%，次に「2 歳差」が 14.7% と続いている一方で，「10 歳差」が 11.2%，「11 歳差以上」が 17.4%とかなり年齢差が大きい人も含まれる．また，そのきょうだいとの地理的距離は，半数以上の 68.1% の対象者が「片道 1 時間以上」離れていると回答し，それに「片道 30 分〜1 時間未満」が 16.2% と続き，「同居」や「歩いていけるところ」，「片道 30 分未満」という人はそれぞれ 1.9%，6.9%，6.9% とかなり少数である．

　最後にきょうだい関係以外の人間関係状況と社会活動状況についてみておこ

う(表3-5).きょうだい関係以外の人間関係状況としては,配偶者について「いる」と回答した人が48.5%,「いない」人は51.5%である.同居子については「いる」人が36.0%,「いない」人が64.0%となっており,近年指摘されている子どもと同居しない高齢者の増加を反映する結果である.友人の数は,「1～5人」である人が62.8%と最も多い.以下,「10人以上」が17.8%,「6～9人」が16.7%とほぼ同じ割合で,「いない」と回答した人はわずか2.7%である.

次に社会活動状況[5]であるが,「現在の社会活動経験」が「ある」人が40.7%,「ない」という人が59.3%,趣味や娯楽の団体・サークルなどの活動も含めて「現在役職についている団体・組織」が「ある」人が60.4%,「ない」人が39.6%である.

表3-5 対象者のきょうだい関係以外の人間関係状況と社会活動状況

(%)

配偶者 (N = 262)	いる	48.5
	いない	51.5
同居子 (N = 267)	いる	36.0
	いない	64.0
友人の数 (N = 264)	いない	2.7
	1～5人	62.8
	6～9人	16.7
	10人以上	17.8
現在の社会活動経験 (N = 270)	あり	40.7
	なし	59.3
現在役職についている団体・組織 (N = 270)	あり	60.4
	なし	39.6

第4節 ── 事例調査の概要ときょうだいデータセット

　本研究の事例調査は，筆者が 2000 年 6 月から 2001 年 8 月にかけて行ったものである．対象者は，60 歳代から 80 歳代（60 歳代 2 名，70 歳代 8 名，80 歳代 5 名）の男女 15 名（男性 5 名，女性 10 名）である．

　本研究の理論モデル「コンボイネットワークモデル」では，きょうだい達の関係を，個人を中心に形成された複数の具体的な二者関係からなる Star 構造として捉える．すなわち，個人と各きょうだい達のあいだで取り結ばれている二者関係をひとまとまりの Star として捉えるのである（第 2 章の図 2-2 参照）．また，本研究で注目する「成熟のレトリック」は「コンボイ」たちの間で行われる「確認」「正当化」「予測」の共同作業であるため，その人の「コンボイ」であるきょうだい達からの情報が非常に重要な意味をもつ．そこで，事例調査に際しては一個人だけにとどまらずその人のきょうだい達に対してもインタビューが行えるよう紹介を依頼した．その結果，きょうだいと甥からなるデータセット 1 組と 2 組のきょうだい同士からなるデータセット（以下，「きょうだいデータセット」とする）が得られ，このデータセットを「コンボイ」としてのきょうだいからなるシブリングネットワーク（sibling network）の Star を表すものと位置づける．そして，紹介してもらうことのできた各きょうだいに対しても同様に個別インタビューを実施した．つまり，同じ 1 つの Star を構成する各きょうだい同士の関係，すなわち「リンケージ」の様相を明らかにするため，それぞれのきょうだいに対してもインタビューを行うのである．以上のような手法で，シブリングネットワークの Star を描き出すことを試みる．

　当人のみでそのきょうだい達の協力を得られなかった事例も含めた具体的なデータセット，すなわち Star とそれを構成する人々の内訳は次のとおりである．先の 15 名の対象者は，きょうだいと甥からなるデータセット 1 組（事例 1：男性 2 名，女性 2 名），きょうだい同士からなるデータセット 2 組（事例 2：男性 1 名，女性 2 名，事例 3：女性 2 名），義理のきょうだい同士からなるデー

タセット1組（事例4：男性2名）に分けられる．残りの4名（事例5〜8：全て女性）は，当人のみにインタビューを行った事例である．これらを属性等も含めた形で一覧にまとめたものが表3-6である．

　調査に際しては，事前に手紙や電話でインタビューの趣旨を説明し，許可を得たうえで対象者の自宅など都合の良い場所を指定してもらった．インタビュー時間は1時間半から3時間半で，幼少期から現在に至るまでの各きょうだいとの関わりをたずねる中で，主として関係性の変化に注目し，各きょうだいとの関係が現在，活性化しているか否かについて語ってもらいつつ，変化をもたらしたきっかけや理由とそれに対する意味づけについての質問を行った．

　さらに，本研究で注目する「関係性の歴史」は，それに関わり文脈を共有する「コンボイ」がいる場で語られてこそその内容やプロセスをより生き生きとした形で捉えることが可能となろう[6]．特に先行研究の検討から，きょうだい双方による相互影響プロセスを重視した分析の必要性が指摘されている（第1章）．そのため，個別インタビュー対象者全員にきょうだい同士の合同インタビューを依頼し，実施した[7]．合同インタビューは約4時間にわたって行われ，互いがどのようにそれぞれの人生を振り返り，再構成に関わっているのかが，同じ場で共に自分たちきょうだいの「関係性の歴史」について語り合うという相互作用の中で追究された．具体的には，幼少期から現在に至るまでのそれぞれのライフコースについて語ってもらいながら，その中で互いが相手のライフイベントをどのように意味づけ，それを相手に語っているのか，あるいは受け止めているのかに注目し，きょうだい達との「関係性の歴史」について明らかにすることを目的とした．これは，「コンボイネットワークモデル」のうち，Starを構成する「リンケージ」の1つに焦点を当て，その加齢に伴う変化を追究するものである．

　以上のような方法で第2章で示した「コンボイネットワークモデル」を操作化し，具体的な実証分析において用いることにする．それでは，次章よりまずは質問紙調査で得られたデータを用いて高齢期におけるきょうだい関係の横断

表 3-6　きょうだいデータセットとその属性

	データセット事例番号	きょうだい数	きょうだい構成と年齢差(注1)	インタビュー対象者	年齢(注2)	性別
きょうだいと甥からなるデータセット	事例1	10人	長女-⑤-【長男】-②-【次男】-⑤-【三男】-③-次女-三女-③-四女-②-五女=甥（長女の息子）-②-四男-③-六女	次女(Aさん)	80歳	女性
				三女(Bさん)	77歳	女性
				四男(Cさん)	70歳	男性
				甥(Dさん)（長女の息子）	72歳	男性
きょうだい同士からなるデータセット	事例2	4人	長女-②-長男-②-【次男】-④-次女	長女	81歳	女性
				長男	79歳	男性
				次女	73歳	女性
	事例3	4人	長女-②-次女-③-三女-③-四女	長女	73歳	女性
				次女	71歳	女性
義理のきょうだい同士からなるデータセット	事例4	3人(注3)　7人(注3)	【男】-②-対象者-③-女（もう一方の対象者の妻）	妹婿(注4)	89歳	男性
				妻の次兄(注4)	89歳	男性
当人のみ	事例5	4人	男-④-女-⑤-女-⑧-対象者	――	61歳	女性
	事例6	6人	男-②-女-③-対象者-③-女-④-男-③-男	――	82歳	女性
	事例7	4人	対象者-②-男-④-男-⑧-女	――	71歳	女性
	事例8	5人	男-②-女-③-対象者-①-女-④-女	――	65歳	女性

(注1)：「-」で挟まれた円数字は2人の間の年齢差を，「【 】」は亡くなっている人を，あみかけは本インタビュー調査の対象者を，それぞれ表している．「=」は同い年であることを示す．
(注2)：インタビュー当時の年齢を示している．
(注3)：各インタビュー対象者本人のきょうだい数を示している．
(注4)：データセットを構成する2人それぞれからみた相手との関係を示している．

的な実態とそれを規定する要因について具体的に分析，考察を行っていくことにしよう．

注

1） A市の担当者によると，老人会全体での性別や年齢の割合，学歴等は老人会の補助金申請が人数によって行われるため出していないとのことで入手できなかった．そのため，性別と年齢は住民基本台帳（2002年10月1日現在），学歴は2000年国勢調査から得られたA市全体での状況を示している．
2） 本研究では，高齢期を「ヤング・オールド（60～74歳）」「オールド・オールド（75～84歳）」「オールデスト・オールド（85歳以上）」と3つに区分する正岡・嶋崎（1999）に倣い60歳以上の人を高齢者として分析の対象としている．
3） 以上のような偏りが，それを対象とする本研究での知見に影響を与える可能性について留意しなくてはならない．
4） そのようなきょうだいは「いない」と答えた人の割合は7.4%であった．
5） 社会活動状況を本研究では「現在行っている社会活動経験の有無」と「現在役職についている団体・組織」の2つから捉える．「現在行っている社会活動の有無」は，1.社会的に承認された活動（調停委員，民生委員），2.各種地域社会活動（PTA活動，自治会・町内会活動など），3.ボランティア活動（社会福祉，環境保護など），4.市民運動・住民運動，という4種類の社会活動と5.その他（具体的に記入），をあげ，現在しているものが1つでもある場合を「あり」，ない場合を「なし」とした．「現在役職についている団体・組織の有無」は，1.町内会・自治会，2.婦人会，3.老人会・老人クラブ，4.趣味や娯楽の団体・サークル，5.ボランティア団体・グループ，6.その他（具体的に記入），をあげ，現在役職についているものが1つでもある場合を「あり」，ない場合を「なし」とした．
6） 兄弟姉妹がインタビューに同席することについてThompson（2000＝2002）は，しばしば間違った記憶を正したり，お互いに記憶をたどる刺激になったりする効果があるという．桜井（2002）もきょうだいを互いに相手の主観的経験の微妙なニュアンスまで感じることができ，自己のリアリティの生成と維持あるいは変更に積極的にも消極的にも貢献し，拘束する「身近な関係者」，すなわちPlathのいう「道づれ（convoy）」の1人であるとしている．
7） 全ての対象者に依頼したが，健康状態の悪化やきょうだい同士が地理的に離れていること，個別インタビューの後にきょうだいが亡くなった等の理由で1組のきょうだい（事例1のきょうだいデータセットに含まれる次女Aさんと三女Bさん）以外の合同インタビューはかなわなかった．

第4章

高齢者のきょうだい関係の実態

第1節 ── 見過ごされてきた高齢者の家族：きょうだい

　高齢化・長寿化の進展に伴って，医療や介護の社会化，あるいは生きがいの社会化が求められるなど（河畠 2001），高齢者を取り巻く状況も大きく変化している．なかでも，高齢者を取り巻く人間関係に眼を向けるなら，長寿高齢化とは，人々が「共に」長生きすることだともいえる．すなわち，「個人とその周囲の人びとは，ライフコースの旅において，これまでより長い道のりを連れだって歩くことになる」（Plath 1980＝1985：4）のである．高齢者の人間関係としては家族との関係が重要視され，これまでにも多くの知見が蓄積されてきた．そして近年，「家族の中の高齢者」という捉え方への偏重を反省し，「個としての高齢者」（安達 1999），高齢者の友人・近隣関係（Allan 1989＝1993）といったように，高齢者の人間関係を自明視するのではなく，高齢者自身が主体的に選択していたり，高齢者が取り結んでいる家族以外との関係が注目されている．

　だが，これまで議論されてきた家族とは，配偶者や子どもといった高齢者にとっての生殖家族との関係が中心であり，高齢者の定位家族関係であるきょうだいとの関係は依然として見過ごされたままであったといえるだろう．長寿高齢化の進展に伴い，長期にわたる人間関係のもつ機能に関心が寄せられる中で（Plath 1980＝985，Allan 1989＝1993，高橋・和田 2001），高齢者にとって「乳幼児期や児童期からもっとも長期にわたってつきあい，同じ時代を生きてきた身近な人間」（安達 1999：104）である家族，すなわち，きょうだいとの関係

の重要性が再認識されつつある（Campbell & Connidis 1999，石原 2001）．しかし，日本において高齢者たちがきょうだいとどのような関わりをもっているのか，またそれを規定している要因は何であるのかを，きょうだい関係を中心に据えて実証した研究は未だほとんどなされていないのが現状である．

以上のような高齢者を取り巻く社会，時代状況の変化とそれに対する研究動向を受け，本章では第3章にて示した本研究の中で行われた実証研究のうち，質問紙調査で得られたデータを用いて，我が国の高齢者たちが取り結んでいるきょうだい関係を規定する要因について明らかにすることを目的とする．具体的にはまず，高齢期に焦点を当てた数少ないきょうだい研究において，そもそもきょうだい関係がどのように捉えられ分析されてきたのかについて検討する．同時に，きょうだい関係の規定要因を追究するという本章での課題に関連した先行研究において，具体的にどのような要因が分析されてきたのかを検討する．そして，ここでの検討を踏まえ，第3章にて概要を提示した質問紙調査で得られたデータを用いて高齢期におけるきょうだい関係と諸要因それぞれとの2変数間の関連を分析し，その結果を先行研究での知見と比較検討する．次に，従来の研究では主として2重クロス，あるいは3重クロス分析として個別に関連が分析されてきたきょうだい関係と諸要因との関係をトータルに分析するため，全ての要因を投入した回帰分析を行う．最後に，きょうだい関係の3つの側面を各々説明する回帰モデルを作成し，それらがどのような要因によって規定されているのかを明らかにする．

第2節 ── 高齢者のきょうだい関係はどのように捉えられてきたのか

先行研究では高齢者のきょうだい関係はどのように捉えられてきたのか．また，それを規定する要因としてどのような要因が分析・検討されてきたのだろうか．

まず，きょうだい関係の捉え方についてみてみると，我が国における研究は

数少ないが，神戸シルバーカレッジの受講者を対象に調査を行った安達（1999）は，きょうだい関係を「現在の直接会う頻度」から捉えている．同様に，日本家族社会学会が行った第1回家族についての全国調査（NFRJ98）では「一年間で話らしい話をした回数」から捉えて分析を行っている．一方，全米家族調査（National Survey of Families and Households 以下 NSFH とする）では，きょうだい関係を「きょうだいと直接会った頻度」と「きょうだいと手紙や電話で連絡した頻度」という2つから捉えている．そのデータを分析した安達（1999, 2001, 2004）の結果は，両者の間で諸要因の関連の仕方が異なることを示している．すなわち「女性の方が男性より手紙や電話の頻度が高い傾向にある」というように「手紙や電話の頻度」と「性別」との有意な関連は指摘されているが，「直接会った頻度」と「性別」の有意な関連は指摘されていないのである．あるいは「配偶者のある人よりもない人の方が手紙や電話の頻度が高い傾向にある」というように「配偶者の有無」についても同様である．

　さらに高齢者のきょうだい関係をこのように「接触頻度」からのみ捉えることについて Gold（1987）は，きょうだいとの親密さの尺度として「接触（contact）」が使用されるが，これは高齢者にとってあまり意味がないのではないかと主張する．なぜなら，「接触」では例えば実際の接触がほとんどなくても依然としてきょうだいに対して強い情緒的な絆を感じているというような高齢者のきょうだい関係の情緒的な側面を十分に捉えられていないためだという．また，互いに実際の接触のないきょうだい達のあいだでさえも，高齢期において心理的関わりが増えて恨みやねたみが減るという変化がおこっていたことも報告している．Wilson ら（1994）もこの議論を受け，それにもかかわらず多くの先行研究ではきょうだい関係を関係の情緒的な側面よりも接触頻度から捉えてきたのだと主張する．

　これらのことから，一口にきょうだい関係といっても「接触頻度」とそれだけでは捉えきれず，とりわけ高齢者のきょうだい関係にとって重要な意味をもつと考えられる「情緒的側面」があり，両者では各々を規定する要因が異なることが予想される．さらに，同じ「接触頻度」ではあっても直接・対面的接触

である「直接会う頻度」と間接的接触である「手紙や電話のやり取り」とでは，やはりそれらを規定する要因は異なると考えられる．そこで，本研究ではきょうだい関係を「直接会う頻度（以下，「会う頻度」と表記）」と「電話や手紙のやり取り頻度（以下，「電話や手紙頻度」と表記）」という直接・対面的接触と間接的接触に分けて捉える．また，これら2つの接触頻度に加え「情緒的側面」を「人生や生き方など個人的な悩み事については，きょうだいに相談しますか」とたずねて（以下，「情緒的サポートニーズ」と表記）分析を試みることで，これら3つのきょうだい関係側面に違いがあるのか，あるとすればどのような違いがあるのかを追究する．

次に，きょうだい関係を規定するものとしてどのような要因が分析・検討されてきたのかについてみてみよう．高齢者のきょうだい関係が扱われてきた数少ない研究の1つであるソーシャルサポートに関する研究では，いくつかのサポート内容とそれに対するニーズやその充足のされ方を諸関係（配偶者，子ども，友人，きょうだい等）の間で比較検討することに関心が向けられている．その背後仮説の1つが「ハイラーキー代償 (the hierarchical-compensatory) 仮説」(Cantor 1979) である．この仮説は，例えば未亡人で配偶者がいないなどのようにある関係がなかったり，あるいは子どもがいても離れて暮らしているなど関係自体はあっても関わりがもてないような場合，それを補うために他の関係が求められるとするものである．その際，高齢者にとってのより第一義的な関係性（例えば配偶者や子ども）の代わりに，それに続く第二義的な関係性（例えばきょうだい）がクローズアップされるのだという．

きょうだいとの接触頻度に関する研究においても，子どものいない人ほど (Connidis & Campbell 1995等)，未亡人や独身者などのように配偶者がいない人ほど (OBryant 1988等) きょうだいとの接触頻度が増加するというように，代償仮説を支持するようにみえる知見が出されている．しかしこの仮説によれば，それを支持するか否かにかかわらず，高齢者にとってきょうだい関係の有り様は，その人のもつきょうだい以外の人間関係状況の影響を受けることにな

り，きょうだい関係の規定要因を追究するうえでもそれらを考慮することが求められる．そこで本研究では，そのような人間関係状況として，先行研究でも検討されてきた対象者の生殖家族関係である「同居子の有無」「配偶者の有無」，そしてそれらに「友人の数」を加えて検討する．本研究で特に「友人の数」を加えたのは，友人関係は先にも述べたように近年，高齢者にとっての家族・親族以外の関係として注目されており，高齢者に関する研究ではないが，成人女性のソーシャルサポートに関する研究でもきょうだい関係に代替されるものの1つとされている（前田 1993）ためである．

また，高齢者のきょうだい関係に影響を及ぼす要因として，Gold（1987）は事例研究を通じて「年をとるにつれてきょうだいとの年齢差を感じなくなる」等，きょうだい関係に対する意識やその変化があることを指摘している．そこで，筆者が行った高齢者への事例調査[1]で，高齢期においてきょうだい関係に対する意識の変化として言及されていた次の4つからきょうだい関係に対する意識（以下，関係意識とする）を捉えて検討する．すなわち，Gold も指摘していた「大きくなるにつれて，きょうだいとの年齢差をあまり感じなくなった」という「対等感」と，それに加え「昔の自分を知っているきょうだいと話していると自分も成長したなあと思うことが多い」という「自己成長確認感」，「きょうだいとは長い間，関わりがなくても，会えばすぐ昔の関係に戻ることができる」という「絆への信頼感」，「幼い頃にあまり関わりがなければ，きょうだいの情はわいてこない」という「懐旧再生感」の4つである．

その他，女性の方が男性よりもきょうだいと頻繁に相互作用を行っているが，特に男性も女性も女きょうだいとの相互作用が最も多いこと（Cicirelli 1996）や，きょうだいとの距離が近い人，きょうだい数が多い人，ほど（Connidis & Campbell 1995 等）あるいは年齢（Goetting 1986 等）とともにきょうだいとの接触が増加することが明らかにされている．このように，高齢者のきょうだいとの接触頻度に影響を及ぼす要因として主に年齢，性別，きょうだいとの地理的距離が検討されている．我が国の研究でも，安達（1999，2001，2004）が「女性，

配偶者のいない人，女きょうだいの多い人では，女きょうだいとの交流頻度が高くなる傾向にある」というように，きょうだいとの交流頻度（現在の直接会う頻度）への影響要因として，本人ときょうだいの性別や配偶者の有無などを指摘している．

以上の検討を踏まえ，本研究ではきょうだい関係を「会う頻度」「電話や手紙頻度」「情緒的サポートニーズ」という3つの側面から捉える．そして，それらを規定する要因として，「年齢」「きょうだい数」「性別」「地理的距離」「同居子どもの有無」「配偶者の有無」「友人の数」，4つの「関係意識」の計11要因を取り上げる[2]．その上でまず，高齢者のきょうだい関係の実態を明らかにしつつ，それらと諸要因それぞれとの2変数間の関連を分析し，その結果を先行研究での知見と比較検討する．次に，これまで主として2重クロス，あるいは3重クロス分析として個別に関連が分析されてきたきょうだい関係と諸要因との関係をトータルに分析するため，全ての要因を投入した回帰分析を行う．最後に，きょうだい関係の3つの側面を各々説明する回帰モデルを作成し，それらがどのような要因によって規定されているのかを明らかにする．

第3節 ── きょうだい関係の実態と諸要因との関わり

高齢者たちは彼らのきょうだいと，どの程度の頻度で直接会っているのだろうか．55.3％と半数以上の人が「年に1～2回程度」であり，「月に1回程度」が28.0％とそれに続く．「年に1～2回程度」が最も多いという点から，きょうだい同士が直接会うのは盆と正月など家族・親族の年中行事の場であることがうかがえる．では，きょうだいとの電話や手紙のやり取りといった間接的な接触はどうだろうか．「月に1回程度」が半数近くの47.5％であり，それに「年に1～2回程度」が27.8％，「週に1回程度」が16.7％と続くなど，会うという対面的な接触に比べてやや頻度が高くなる傾向がみられる．ここから，「会う頻度」よりも「電話や手紙頻度」の方が家族・親族の年中行事とは違う場面

での接触をも含むことが推察される．一方，「情緒的サポートニーズ」については「相談する」人が41.7％と最も多く，「相談しない」人が37.6％，「どちらともいえない」人が20.7％とそれに続くという結果であった（表4-1）．

表4-1　きょうだい関係の3側面とその実態

(％)

会う頻度 (N = 161)	ほとんど毎日	3.7
	週に1回程度	5.0
	月に1回程度	28.0
	年に1～2回程度	55.3
	ほとんど会ってない	8.0
電話や手紙頻度 (N = 162)	ほとんど毎日	5.5
	週に1回程度	16.7
	月に1回程度	47.5
	年に1～2回程度	27.8
	ほとんどしてない	2.5
情緒的サポートニーズ (N = 266)	相談する	41.7
	どちらともいえない	20.7
	相談しない	37.6

　次に，高齢者たちが彼らのきょうだいとの関係に対してどのような意識，すなわち関係意識をもっているのかについてみてみよう．まず「自己成長確認感」については「そう思う」「どちらかといえばそう思う」と肯定的回答をした人があわせて60.4％と半数以上を占め，「どちらかといえばそうは思わない」「そうは思わない」と否定的回答をした人をあわせた14.0％を上回る結果であった．さらに「絆への信頼感」と「対等感」については「そう思う」「どちらかといえばそう思う」をあわせた肯定的回答がそれぞれ87.2％，80.8％と大半を占め，「どちらかといえばそうは思わない」「そうは思わない」をあわせた否定的回答をした4.9％，11.5％を大きく上回る結果であった．しかし「懐旧再生感」については，先の3つとは逆に「そうは思わない」「どちらかといえばそう思

わない」と否定的回答をした人が46.5%と「そう思う」「どちらかといえばそう思う」という肯定的回答をした人をあわせた40.0%という割合を上回る結果であった（表4-2）.

表4-2　きょうだい関係意識の実態

(%)

自己成長確認感 (N = 258)	そう思う	39.1
	どちらかといえばそう思う	21.3
	どちらともいえない	25.6
	どちらかといえばそうは思わない	3.5
	そうは思わない	10.5
絆への信頼感 (N = 264)	そう思う	68.6
	どちらかといえばそう思う	18.6
	どちらともいえない	8.0
	どちらかといえばそうは思わない	0.4
	そうは思わない	4.5
対　等　感 (N = 261)	そう思う	62.8
	どちらかといえばそう思う	18.0
	どちらともいえない	7.7
	どちらかといえばそうは思わない	1.5
	そうは思わない	10.0
懐旧再生感 (N = 260)	そう思う	23.5
	どちらかといえばそう思う	16.5
	どちらともいえない	13.5
	どちらかといえばそうは思わない	6.5
	そうは思わない	40.0

　続いて,「会う頻度」「電話や手紙頻度」「情緒的サポートニーズ」というきょうだい関係の3側面と, 年齢, きょうだい数, 性別, 地理的距離, 配偶者の有無, 同居子の有無, 友人の数, そして, 関係意識との相関を調べるため, 2変数相関分析を行った. その結果を示したのが, 表4-3である. 第一に, 3つの側

表4-3　2変数相関分析結果

		会う頻度	電話や手紙頻度	情緒的サポートニーズ
属　　性	年齢 (60～69歳/70～79歳/80歳以上)	-0.144*	-0.158*	-0.056
	〔前期高齢者(65～74歳)/後期高齢者(75歳以上)〕	0.029	-0.027	0.045
	きょうだい数 (2～3人/4～5人/6～7人/8人以上)	0.027	0.011	0.015
	性別構成(男男/男女/女男/女女)	0.051	0.181	0.139
	〔性別（男性/女性)〕	0.163	0.193	0.111
地理的状況	地理的距離	-0.419***	-0.274***	-0.042
きょうだい以外の人間関係状況	同居子の有無（無/有）	-0.027	-0.034	-0.037
	配偶者の有無（無/有）	0.012	0.023	0.011
	友人の数(なし/1～5人/6～9人/10人以上)	0.194***	0.196***	-0.045
関係意識	自己成長確認感	0.138*	0.078	0.186***
	絆への信頼感	0.043	0.025	0.146**
	対等感	0.031	0.037	0.198***
	懐旧再生感	-0.019	-0.154*	-0.064

注：表中の数値は，「性別構成」のみクラマー'V係数，他はケンドールの順位相関係数，
＊印は有意水準をあらわす．
＊：P<0.05，＊＊：P<0.01，＊＊＊：P<0.001

表中にカテゴリー表示のない変数のカテゴリーを以下に示す．
・「会う頻度」：「ほとんど会ってない」，「年1～2回」，「月1回程度」，「週1回程度」，「ほぼ毎日」の5段階．
・「電話や手紙頻度」：「ほとんどしない」，「年1～2回」，「月1回程度」，「週1回程度」，「ほぼ毎日」の5段階．
・「情緒的サポートニーズ」：「相談しない」，「どちらともいえず」，「相談する」の3段階．
・「地理的状況」：「同居」，「歩いていけるところ」，「片道30分未満」，「片道30分以上1時間未満」，「片道1時間以上」の5段階．
・「関係意識」：「そうは思わない」～「そう思う」までの5段階．

面に共通する点として「きょうだい数」「性別構成」「同居子の有無」「配偶者の有無」との有意な相関がみられない[3]．日本のNFRJ98データの分析では，「同居子の有無」「配偶者の有無」はきょうだいとの交流頻度（一番年上のきょうだいと一年間で話らしい話をした回数）に影響を与えないという結果が出ている．また，表4-4に示したように，米国のNSFHの分析結果では「子の有無」

によって「きょうだいと直接会った頻度」や「手紙や電話で連絡した頻度」という直接，間接の両接触とも有意差がなかったことが明らかにされており（安達2001，2004），本研究での結果と共通する[4]ものである．その一方で，「手紙や電話での交流頻度が男性よりも女性に多い」というNSFHでの結果，あるいは「男性より女性の方がきょうだいとの交流頻度が高い」というNFRJ98の分析結果とは異なり，本研究では「会う頻度」「電話や手紙頻度」「情緒的サポートニーズ」の全てで対象者の性別，ならびに性別構成による有意差はみられなかった[5]．

　第二に，「会う頻度」や「電話や手紙頻度」という２つの接触頻度と「情緒的サポートニーズ」とで相関の仕方が異なっていたのが「年齢」「地理的距離」「友人の数」，そして「絆への信頼感」「対等感」という２つの「関係意識」である．すなわち，「年齢」と「地理的距離」は２つの接触頻度と負の相関がみられたのに対して，サポートには有意な相関がみられず，「友人の数」は２つの接触頻度と正の相関がみられたのに対して，サポートには有意な相関がみられなかったのである．逆に２つの「関係意識」においては，２つの接触頻度と

表4-4　先行研究（NSFH〔米国〕/NFRJ98〔日本〕）における分析結果[注1]

	NSFH〔米国〕		NFRJ98〔日本〕
	直接会った頻度	手紙・電話頻度	１年間で話す頻度
性　　　　別	ns	0.000***	0.000***
年　　　　齢	ns	ns	ns
配偶者の有無	0.009** [注2]	0.000***	ns
子の有無[注3]	ns	ns	ns
距　　　　離	0.000***	0.000***	―

*p<.05，**p<.01，***p<.001
（注１）カイ２乗検定の危険確率で表示．
（注２）危険率からみると有意な水準値が示されているようにみえて，実際のクロス表では明確な傾向が示されていない（安達2004：317）．
（注３）NFRJ98では，「同居子の有無」となっている．
資料：安達（2004：316，320）表12-4，表12-7をもとに作成．

は有意な相関がみられなかったのに対して，サポートとは正の相関がみられた．

これらの点についてより詳細にみてみると,「地理的距離」については，NFRJ98，安達のシルバーカレッジ調査ともに質問していないため我が国でのデータと比較できないが，米国のNSFHでは本研究での結果と同様，「遠距離よりも近距離である方が直接，間接接触ともに頻度が高い」という負の相関がみられたことが指摘されている．しかし同時に，そこにみられた有意な相関もきょうだい数が3人以上の高齢者では有意差がみられなかったということが明らかにされている（安達2001,2004）.「友人の数」については，代償仮説によれば友人の数が多い人はきょうだいとの接触頻度が減少することが予想されるが，本研究では逆に友人の数が多い人ほどきょうだいとの会う頻度や電話や手紙頻度も増加するというように代償仮説とは全く逆の結果を得ている点は注目すべきであろう．

さらに，4つの「関係意識」のうち「絆への信頼感」と「対等感」の2つは「情緒的サポートニーズ」とのみ正の相関をもっていた．「年齢」についても「会う頻度」「電話や手紙頻度」という2つの接触頻度とのみ有意な相関がみられた．すなわち，より高齢になるほど会う頻度，そして電話や手紙頻度が減少するという負の相関である．先と同様，米国のNSFHのデータと我が国のNFRJ98データをそれぞれ前期高齢者と後期高齢者とに分けて比較分析した安達（2001, 2004）は，どちらのデータにおいても両者の間にきょうだいとの交流頻度の有意差がみられなかったことを明らかにしている．そこで，本研究でも同じ年齢で前期高齢者と後期高齢者に分けて再分析を行った．その結果，3側面とも有意な相関がみられず，先行研究と共通する結果であった．

第三に，「会う頻度」と「情緒的サポートニーズ」で共通し，「電話や手紙頻度」とは異なるものとして,「自己成長確認感」が「会う頻度」と「情緒的サポートニーズ」とに正の相関，また,「懐旧再生感」が「電話や手紙頻度」とのみ有意な負の相関をもつという結果が得られた．

第4節 ── きょうだいとの接触・サポートを規定する要因

　各要因と「会う頻度」「電話や手紙頻度」「情緒的サポートニーズ」それぞれとの相関について比較検討してきた．しかし，これらの相関関係には擬似相関，あるいは擬似無相関が存在することも考えられる．そのため多変量解析を行うことにより，それらみせかけの相関，あるいは無相関の部分は修正されなければならない．そこで，先で検討した全ての要因を投入してカテゴリカル回帰分析[6]を行った．その結果を示したのが表4-5であり，表中「会う頻度」「電話や手紙頻度」「情緒的サポートニーズ」各欄の左側にそれらの要因の標準回帰係数を示している．

　第一に，3側面全てに共通する点としては次の2点があげられる．すなわち，まず1つにどの側面に対しても「地理的距離」が負の規定要因となっている点である．「地理的距離」は，先の2変数相関分析では「情緒的サポートニーズ」と相関がみられなかったが，回帰分析を行った結果，2つの接触頻度と同様に負の規定要因となっている．もう1つに「きょうだい数」と「同居子の有無」は共に3側面のどれに対しても有意な規定要因とはなっていないという点である．

　第二に，2つの接触頻度で共通し，情緒的サポートニーズで異なる点として「友人の数」「配偶者の有無」，そして「自己成長確認感」「絆への信頼感」という2つの「関係意識」があげられる．すなわち，「友人の数」が2つの接触頻度に対してはともに正の規定要因となっているのに対して，「情緒的サポートニーズ」に対しては負の規定要因になっている．このように接触頻度とサポートに対して全く逆の作用を及ぼしているのである．また，先の2変数相関分析ではサポートとの有意な相関はみられなかったにもかかわらず，ここでは有意な規定要因となっている．また「配偶者の有無」が2変数相関分析での結果とは異なり2つの接触頻度に対しては負の規定要因になっている．「自己成長確認感」「絆への信頼感」という2つの関係意識は，2つの接触頻度に対しては

有意な規定要因にはなっていないのに対し,サポートには正の規定要因となっていた.これは,2変数相関分析の結果と異なるものである.

表4-5 回帰分析結果

		会う頻度		電話や手紙頻度		情緒的サポートニーズ	
		β		β		β	
属性	年齢	-0.076	—	-0.278**	-0.196*	-0.087	—
	きょうだい数	-0.060		0.010		-0.102	
	性別構成	0.095		0.209***	0.202***	0.142**	0.122*
地理的状況	地理的距離	-0.695***	-0.644***	-0.407***	-0.476***	-0.214***	-0.176**
きょうだい以外の人間関係状況	同居子の有無	-0.044		0.032	—	-0.029	
	配偶者の有無	-0.187*	-0.205**	-0.271**	-0.233**	-0.022	
	友人の数	0.155**	0.146**	0.206**	0.183**	-0.233***	-0.234***
関係意識	自己成長確認感	0.030		0.095	—	0.198**	0.181**
	絆への信頼感	0.014		-0.027	—	0.140**	0.135*
	対等感	0.062		0.145*	0.054	0.181**	0.238***
	懐旧再生感	-0.111		-0.188**	-0.184*	-0.040	—
F値		9.331	26.037	3.787	6.237	2.510	3.900
調整済みR²		0.526***	0.504***	0.304***	0.349***	0.150**	0.172***

注:表中の数値は,標準回帰係数β,＊印は有意水準をあらわす.
　　＊:P<0.05,＊＊:P<0.01,＊＊＊:P<0.001

・「会う頻度」:「ほとんど会ってない」=1,「年1〜2回」=2,「月1回程度」=3,
　　「週1回程度」=4,「ほぼ毎日」=5
・「電話や手紙頻度」:「ほとんどしない」=1,「年1〜2回」=2,「月1回程度」=3,
　　　「週1回程度」=4,「ほぼ毎日」=5
・「情緒的サポートニーズ」:「相談しない」=1,「どちらともいえず」=2,「相談する」=3
・「同居子の有無」:「無し」=1,「有り」=2
・「配偶者の有無」:「無し」=1,「有り」=2
・「地理的距離」:「同居」=1,「歩いていけるところ」=2,「片道30分未満」=3,
　　　「片道30分以上1時間未満」=4,「片道1時間以上」=5
・「友人の数」:「いない」=1,「1〜5人」=2,「6〜9人」=3,「10人以上」=4
・「関係意識」は4つとも「そうは思わない」=1〜「そう思う」=5,をそれぞれ与えた.

第三に,「電話や手紙頻度」と「情緒的サポートニーズ」で共通し「会う頻度」とは異なる点として「性別構成」と「対等感」があげられる．すなわち,どちらも「会う頻度」に対しては有意な規定要因になっていないが,「電話や手紙頻度」と「情緒的サポートニーズ」に対しては正の規定要因になっているのである．これらの点について2変数相関分析での結果と比較してみると,「対等感」と「情緒的サポートニーズ」との間の正の相関以外は,有意な相関がみられなかったのにもかかわらず，回帰分析では有意な規定要因として作用していた．

　第四に,「会う頻度」と「情緒的サポートニーズ」で共通し,「電話や手紙頻度」とは異なる点としては,「年齢」と「懐旧再生感」があげられる．すなわち,どちらも「電話や手紙頻度」にのみ負の規定要因として作用しているのである．しかし，2変数相関分析での結果と比較すると「懐旧再生感」については同じであるが,「年齢」では「会う頻度」との有意な相関がみられなくなった．

第5節 ── きょうだいとの接触・サポートの特徴

　前節ではきょうだい関係のうち,「会う頻度」「電話や手紙頻度」「情緒的サポートニーズ」の3つについて分析してきた．全ての要因を投入した回帰分析の結果，きょうだい関係の3側面に対して有意な規定要因となっていたもののみを投入して再度，より単純化した回帰モデルを追究した[7]．その結果が同じく先の表4-5であり，表中「会う頻度」「電話や手紙頻度」「情緒的サポートニーズ」各欄の右側にそれらの要因の標準回帰係数を示している．

　その数値を側面ごとに順にみていくと，まず「会う頻度」に対しては，それぞれ有意に「地理的距離（$\beta = -0.644$）」と「配偶者の有無（$\beta = -0.205$）」が負の規定要因，そして「友人の数（$\beta = 0.146$）」が正の規定要因になっている．すなわち，きょうだいとの地理的距離が近い，配偶者のいない，そして友人の数が多い人ほどきょうだいと会う頻度が多いということである．この3つの要因からなる回帰モデルの説明力は50.4％であり，この回帰モデルにおける3つ

の要因中「地理的距離」の規定力が他の2要因よりも卓抜して大きい．

「電話や手紙頻度」に対しては，それぞれ有意に「年齢（$β=-0.196$）」「地理的距離（$β=-0.476$）」「配偶者の有無（$β=-0.233$）」「懐旧再生感（$β=-0.184$）」が負の規定要因，「性別構成（$β=0.202$）」「友人の数（$β=0.183$）」が正の規定要因になっている．すなわち，年齢が若く，きょうだいとの地理的距離が近い，配偶者のいない，友人の数が多い，そして「幼い頃の関わりがなければ，きょうだいの情がわからない」とは思わない人ほど，電話や手紙のやりとりが多くなることを示している．また，「性別構成」では，対象者とそのきょうだいの性別の組み合わせがそれぞれ，男女，女女，女男，男男の順で電話や手紙のやり取り頻度が高いということである[8]．そして7要因からなるモデルの説明力は34.9%であり，先の「会う頻度」の場合と同様，「地理的距離」が最も強く，以下「配偶者の有無」「性別構成」「年齢」と続く．

では，「情緒的サポートニーズ」に対してはどうだろうか．「地理的距離（$β=-0.176$）」「友人の数（$β=-0.234$）」が負の規定要因，「性別構成（$β=0.122$）」「自己成長確認感（$β=0.181$）」「絆への信頼感（$β=0.135$）」「対等感（$β=0.238$）」が正の規定要因として有意であった．すなわち，きょうだいとの地理的距離が近い，友人の数が少ない，「きょうだいとの関わりの中で自らの成長を実感する」と思う，「きょうだいとは会えばすぐ昔の関係に戻ることができる」と考える，そして「年をとるにつれて，きょうだいとの年齢差をあまり感じなくなった」という人ほどきょうだいに対して情緒的サポートニーズをもっているのである．「性別構成」については，対象者とそのきょうだいの性別の組み合わせがそれぞれ，男女，女女，男男，女男の順で情緒的サポートニーズをもっている[9]ことがわかる．この6要因からなるモデルの説明力は17.2%であり，「対等感」と「友人の数」の規定力が最も強く，以下「自己成長確認感」「地理的距離」であった．加えて，最も規定力の強い要因が「会う頻度」「電話や手紙頻度」という「接触頻度」では「地理的距離」であるのに対し，「情緒的サポートニーズ」では「対等感」であるというように，両者で差異がみられることも

明らかになった.

第6節 ── 時間と環境がつくるきょうだい関係

　本章では,きょうだい関係を3つの側面に分けて各々を規定する要因を検討してきた.結果,表4-5にも示したように,各側面を規定する要因やその強さにはかなり違いがみられた.その結果をそれぞれ規定力の強い要因順に簡単にまとめると,「会う頻度」には「地理的距離」「配偶者の有無」「友人の数」,「電話や手紙頻度」には「地理的距離」「配偶者の有無」「性別構成」,「情緒的サポートニーズ」には「対等感」「友人の数」「自己成長確認感」がそれぞれ主たる規定要因になっていた.

　より詳細にみてみると,「会う頻度」と「電話や手紙頻度」という2つの接触頻度については,きょうだいとの地理的距離,配偶者の有無,友人の数,という3つの要因が作用している点では類似していた.しかし,「電話や手紙頻度」にはさらに「いくらきょうだいと言っても,幼い頃にあまり関わりがなければきょうだいの情はわいてこない」という「懐旧再生感」が負の規定要因として作用している点で異なる.このことは,事例調査でのインフォーマントの「子どもの頃はわからん（かった）妹のいいところがだんだんわかって（くるなど）,今まで感づかなかったことを感じることがいっぱいある.そしてつながっていったように思う」との語りにも現れているような高齢期における意識の変化によってきょうだいとの間接的接触が促進されることを示唆する結果だとも解釈できる（第6章）.

　また,「会う頻度」の規定要因にはなっていないにもかかわらず「電話や手紙頻度」に対してのみ「年齢」が負の規定要因となっていることも明らかになった.これは,きょうだい関係の実態でも示したとおり「会う頻度」が「年に1〜2回程度」が最も多いという点から,きょうだい同士が直接会うのは盆と正月など親族行事の場であることがうかがえる.それに対して「電話や手紙頻度」

では「月に1回程度」とやや頻度が高くなることから，会う頻度よりも電話や手紙頻度の方が親族行事とは違う場での接触をも捉えていると推察される．そのため，接触でも親族行事とは異なる，より個人の選択に任された部分が，年齢の上昇と共に起こる身体の衰えなどの負の影響を受けやすいのだとも考えられる．

このように，先行研究ではひとくくりに捉えられてきた「接触頻度」も直接・対面的接触なのか，間接的接触なのかによって規定要因の現れ方が異なる．一方「性別構成」について，先行研究で「女きょうだい」との接触が高いことが指摘されているが，本研究での結果は，「会う頻度」については「性別」は有意な規定要因とはなっていない．これも盆や正月という場の接触では性別の影響がみられないことを示しているのだとも解釈できる．「性別」が有意な規定要因となっている「電話や手紙頻度」と「情緒的サポートニーズ」についてみてみると，どちらも「男女」「女女」の順で頻度が高い．すなわち，「電話や手紙頻度」と「情緒的サポートニーズ」のどちらも，相手が「女きょうだい」である場合に正の規定要因になるという先行研究で指摘されてきたことが当てはまる．それだけでなく，「男女」「女女」の順で頻度が高いことから，女同士のきょうだいよりも男性の対象者が女きょうだいと行う「電話や手紙頻度」や「情緒的サポートニーズ」の方が高いこともわかる．これは，女性が多く参加する老人会で，いつも女性と接触することに慣れている男性だからなのだとも考えられる．

次に，きょうだい関係以外の人間関係の影響についてである．本章では「同居子の有無」「配偶者の有無」「友人の数」について検討したが，この3つの要因がきょうだい関係の3側面に対して働く規定の仕方はそれぞれ異なる．まず「同居子の有無」についてみれば，きょうだい関係の3つ全ての側面で有意な規定要因とはなっていない．このことから，高齢者にとってきょうだいと自分の子どもとの関係は，代償仮説が示唆するような同居子がいればきょうだいとの関わりには向かわないという相互排他的なものでもなければ，子どもがいな

い分を補うといった相互補完的な性質のものでもないと考えられる．一方「配偶者の有無」は，「会う頻度」「電話や手紙頻度」に対して負の規定要因となっており，代償仮説を支持する結果である．しかし「情緒的サポートニーズ」には有意な規定要因になっていないことから，きょうだいと配偶者は「接触」に関して代替関係にあるが，「情緒的サポートニーズ」に関しては代替関係にはない．最後に「友人の数」については，「会う頻度」「電話や手紙頻度」に対して正の規定要因となっていた．筆者が行った事例調査で高齢期における自らの友人との付き合いをきょうだいも理解してくれており，「きょうだいのつながりの延長」であると2つの関係を直接結び付けて語る高齢者がいた（第7章）．この知見と本章で得られた知見を考え合わせると，「接触」において，高齢者にとって2つの関係が相互促進的に作用しながら並存しているのだとも解釈できる．それに対して，「情緒的サポートニーズ」には負の規定要因になっていたことから，友人の少ない人ほどきょうだいに情緒的サポートを求めるといえる．これは，代償仮説を支持している．

　このように，きょうだい関係以外の人間関係について，友人だけがきょうだい関係の3側面全てに有意な規定要因となっているのである．なかでも，「情緒的サポートニーズ」については，友人のみがそれと有意な関連をもつという知見について解釈をする際に助けとなるのが，老年期の友情について論じたAllan（1989＝1993）の議論である．Allan は，兄弟姉妹もまた友人と同様に「時代をみる眼と共通の背景を分かち合っている」と2つの関係性にみられる共通点を指摘している．それだけでなく，この共通点によってもたらされる機能は，高齢期におけるモラールにとって重要なものになり得ることを示唆する．すなわち，高齢者にとってきょうだいは古くからの友人と同様，昔からその人のことを知っている．そのため，互いの経験を確認し，その個性の意義を認め合うことによって高齢になっても意味と連続性を提供してくれる．あるいは，年齢の近い友人と同様に，きょうだいは同世代であるということから類似した関心を共有し，時代の出来事を共通の方法で解釈，理解することができる．そして，

互いに人生の残り時間が尽きつつあるという認識をもつために，過去の良い時代，悪い時代について共に思い起こすことができるのだというのである（Allan 1989＝1993：147-148）．

　また，本章では先行研究で検討されてきた諸要因に加え，新たに4つの「関係意識」項目ときょうだい関係の3側面との関連を検討した．その結果，「関係意識」は「電話や手紙頻度」と「情緒的サポートニーズ」に有意な効果をもたらしていることが明らかになった．さらに「情緒的サポートニーズ」に対する回帰モデルにおいて最も強い規定力を持っているのが「対等感」すなわち「大きくなるにつれて，きょうだいとの年齢差をあまり感じなくなった」という関係意識である点は注目すべきであろう．なぜなら，このことは高齢期におけるきょうだい関係を捉える視点・方法を見直す必要性を示唆するものだと考えられるためである．「関係は生涯にわたる時間と環境の中で達成される」（Simons 1983-1984）という関係性の捉え方からすれば，きょうだいに対する意識と関係性は相互因果的な関係にある．このような性質の「関係意識」が「情緒的サポートニーズ」に対して強い規定力をもつことは，高齢期きょうだい関係の「情緒的サポートニーズ」という側面のもつ特質を反映しているといえる．すなわちその特質とは，属性や地理的な距離などよりも，高齢期に至るまでのきょうだいとのいわば「関係性の歴史」とでもいうべきものにより強く規定されるということである．

注
1) 2000年6月～2001年8月に60歳代から80歳代の男女15名に対して行ったものである．詳細は第3章の第4節を参照のこと．
2) ここで「きょうだい関係に対する意識（関係意識）」がきょうだい関係の結果なのかそれとも関係を規定する要因なのかについては議論のあるところであろう．しかし，「関係とは生涯にわたる時間と環境の中で達成される」という関係性の捉え方（Simons 1983-1984）からすれば，きょうだい関係に対する意識ときょうだいとの関係性は相互因果的なものであると考えられ，一概にどちらが先だとは言いがたい．そこで，「関係意識」がそのような性質のものであることを念

頭に置いた上で，本章ではこれを規定要因として扱うことにする．
3）本章で行っている有意性検定は，サンプルが確率的なものではないが信頼しうる偶然以上の結果であることを明らかにするための最低限の基準として用いている（Elder 1974＝1986：370）．
4）測定項目やワーディング等が異なるため厳密には比較できるものではないが，ここではそれでもなおみられる結果の共通あるいは相違傾向を示している．
5）後の多変量解析の結果では，「電話や手紙頻度」「情緒的サポートニーズ」に対して性別構成が有意な規定要因となっていることから，ここでの結果は擬似無相関であることが考えられる．また，多変量解析の結果でも性別構成が有意な規定要因となっていない「会う頻度」については後の考察部分で検討を加えている．
6）カテゴリカル回帰分析については石村（2001）を参照．
7）従属変数「会う頻度」に対しては地理的距離，配偶者の有無，友人の数の3つの独立変数，「電話や手紙頻度」に対しては年齢，性別構成，地理的距離，配偶者の有無，友人の数，対等感，懐旧再生感の7つの独立変数，「情緒的サポートニーズ」に対しては性別構成，地理的距離，友人の数，自己成長確認感，絆への信頼感，対等感の6つの独立変数からなる回帰モデルを構成した．
8）カテゴリカル回帰分析の結果「性別構成」の各カテゴリは「男男」＝-2.119,「男女」＝0.709,「女男」＝-0.807,「女女」＝0.675と数量化されたためこれをもとに解釈を行った．
9）カテゴリカル回帰分析の結果「性別構成」の各カテゴリは「男男」＝-0.476,「男女」＝2.988,「女男」＝-1.051,「女女」＝0.562と数量化されたためこれをもとに解釈を行った．

第5章

高齢者の主観的幸福感ときょうだい関係

第1節 ──「豊かな老後」と生きがい対策

　高齢化・長寿化が進展する今日,「豊かな老後」実現の一方策として高齢者の生きがい対策の推進が求められている．この対策が高齢期における社会参加や社会活動を通して「豊かさ」の実現を目指しているのに対し，もう一方で注目されるのが,高齢者自身による「老い」への適応によって得られる「豊かさ」である．これにかかわる重要な側面として，例えば社会活動へ参加しているといった現在の自分をも含めた自らの人生に対する内省とそこから生まれる人生の意味づけプロセスがある．このプロセスを経て，高齢者自身が，自らの人生を評価した結果が「主観的幸福感」である（高橋・和田 2001）．

　本章では,「主観的幸福感」や「生きがい」について論じた先行研究（高橋・和田 2001）も参考にしつつ,上述のように「主観的幸福感」を操作化して捉える．そして,高齢者の「主観的幸福感」ときょうだい関係との関連を追究することで,高齢者による人生の再考，意味づけプロセスときょうだい関係との関連を明らかにすることを目的とする．その際，第4章で明らかにしたように，きょうだい関係についても「会う頻度」「電話や手紙頻度」「情緒的サポートニーズ」各々がもつ違い，すなわち,「会う頻度」には「地理的距離」「配偶者の有無」が主たる要因,「手紙や電話の頻度」も主たる要因は同様である一方で「懐旧再生感」という関係意識が作用しているということ,「情緒的サポートニーズ」ではさらに関係意識の「対等感」や「自己成長確認感」が主たる規定要因になってお

り,「友人の数」もそれに加わるという違いに注目し,この3つの側面をわけて分析する.

そのうえでまず,高齢者の主観的幸福感がこれまでどのように捉えられてきたのか,規定要因としてどのようなものが分析に供されてきたのかについて再検討する.次に,第3章にて概要を提示した質問紙調査で得られたデータを用いて高齢者の主観的幸福感の各次元と高齢期におけるきょうだい関係の3側面をはじめとする諸要因それぞれとの2変数間の関連を分析し,きょうだい関係の3側面を含め全ての要因を投入した回帰分析を行う.そして高齢者の主観的幸福感の3次元を各々説明する回帰モデルを作成し,それらがどのような要因によって規定されているのかを明らかにする.以上から得られた結果に対して,きょうだい関係との関わりから考察を加え,最後に第4章と本章での知見を総括し,続く第6章,第7章での事例分析への課題を提示する.

第2節 ── 高齢者の主観的幸福感

高齢者の主観的幸福感 (subjective well-being) に関する研究は,我が国でも社会老年学を中心に数多くなされ,知見が蓄積されている(例えば,前田ら1979,前田ら1989等).これらの研究は,高齢者の主観的幸福感を何で測定するのかという測定尺度に関する研究と主観的幸福感を規定するのは何であるのかという規定要因に関する研究に大別できる.そして,測定尺度に関する一連の研究の結果,主観的幸福感を測定する尺度としては近年 P.G.C. モラール尺度 (the Phiradelphia Geriatric Center Moral Scale) が最も安定性の高い尺度とみなされている.この尺度を用いて主観的幸福感を測定する時,それはモラールという言葉で表現される.モラールが高ければ主観的幸福感が高く,モラールが低ければ主観的幸福感が低いとみなすことになる(森岡 2000).

また,この尺度は17の質問からなるもので[1]多次元から主観的幸福感を捉えているところにその特徴がある.具体的には,次の3つの次元からなる.第

一に自らの老化をどのように受け止めているか(以下,「老化の受け止め方」と表記)を示す次元,第二に精神的安定度に関わる次元(以下,「精神的な安定性」と表記),そして第三に孤独感と満足感(以下,「孤独感と満足感」と表記)に関する次元である(森岡 2000).本研究の調査では,1989年に東京の台東区と目黒区に居住する60歳から75歳の男女に対して実施された調査のP.G.C.モラール尺度項目別単純集計結果において肯定と否定の間で回答の偏りが比較的小さいものを各次元につき2項目ずつ選定し,それぞれの次元を測る項目として用いることにする(表5-1).

一方,主観的幸福感の規定要因に関する研究では,高齢者の幸福感に効果をもつのは親族なのか友人なのかという議論が続けられている.直井(1990)は,先にあげた1989年の調査データを用いて,前期高齢者[2]の幸福感に対して家族・親族・友人の果たす役割を検討している.その結果,男性では友人交際が,女性では親族交際が幸福感に対してプラスの有意な効果をもっていることが明らかにされている.しかし,前期高齢者を対象としているため,より高齢になれば男性でも友人交際より親族交際の方が重要になってくるかもしれないし,年齢も効果をもつかもしれないと述べ,さらにモラール尺度の次元別の分析も今後の課題としてあげている.

また,本研究での問題関心により引きつけてみれば,そこでは「親族」として兄弟親戚がひとくくりにされており,きょうだいが高齢者の幸福感に影響を与えているのか否かは明らかでない.しかし,欧米では高齢者のwell-beingに対するきょうだいの影響を検討したCicirelli(1989)が,男女ともに女きょうだいに対する親密さの認知がwell-beingと関連していたことを明らかにしている.そこで本研究では「きょうだい関係状況」[3]と共に「性別」についても対象者本人のものだけではなく,それときょうだいの性別を組み合わせた「性別構成」,すなわち対象者ときょうだいの性別の組み合わせによってそれぞれ「男男」「男女」「女男」「女女」の4つに分けられる要因について検討する.

さらに,近年,高齢者の生きがい対策として社会参加や社会活動の促進がな

表 5-1　P.G.C. モラール尺度の項目内容と先行研究での項目別単純集計結果

次元	項目内容	カテゴリー（割合%）上段：台東，下段：目黒			
老化の受け止め方	あなたは自分の人生は年をとるにしたがってだんだん悪くなってゆくと感じますか	はい (15.0) はい (11.6)	いいえ (76.3) いいえ (78.1)	わからない (8.8) わからない (9.9)	無回答 (0.0) 無回答 (0.3)
	あなたは現在，去年と同じくらいに元気があると思っていますか	いいえ (32.5) いいえ (27.7)	はい (65.3) はい (70.9)	わからない (2.2) わからない (1.0)	無回答 (0.0) 無回答 (0.3)
	年をとって前よりも役に立たなくなったと思いますか	はい (32.1) はい (35.6)	いいえ (64.2) いいえ (58.6)	わからない (3.6) わからない (5.5)	無回答 (0.0) 無回答 (0.3)
	年をとるということは若い時に考えていたより，よいと思いますか．悪いと思いますか．それとも同じだと思いますか	悪い (65.0) 悪い (59.6)	よい (22.3) よい (22.9)	同じ (12.8) 同じ (17.1)	無回答 (0.0) 無回答 (0.3)
	若い時とくらべて，今のほうが幸せだと思いますか	いいえ (21.9) いいえ (20.5)	はい (59.9) はい (59.2)	わからない (18.2) わからない (19.9)	無回答 (0.0) 無回答 (0.3)
精神的な安定性	ここ一年ぐらい，小さなことを気にするようになった，と思いますか	はい (20.4) はい (15.8)	いいえ (78.5) いいえ (82.2)	わからない (1.1) わからない (1.7)	無回答 (0.0) 無回答 (0.3)
	心配だったり，気になったりして眠れないことがありますか	はい (31.0) はい (29.1)	いいえ (68.6) いいえ (70.2)	わからない (0.4) わからない (0.3)	無回答 (0.0) 無回答 (0.3)
	不安に思うことがたくさんあると感じますか	はい (22.6) はい (20.9)	いいえ (74.8) いいえ (76.0)	わからない (2.2) わからない (2.7)	無回答 (0.4) 無回答 (0.3)
	前よりも腹を立てる回数が多くなったと思いますか	はい (18.6) はい (20.5)	いいえ (77.4) いいえ (76.4)	わからない (3.6) わからない (2.7)	無回答 (0.4) 無回答 (0.3)
	物ごとをいつも深刻にうけとめる方ですか	はい (39.1) はい (33.2)	いいえ (55.1) いいえ (60.6)	わからない (5.5) わからない (5.8)	無回答 (0.4) 無回答 (0.3)
	心配ごとがあるとすぐおろおろする方ですか	はい (22.3) はい (22.3)	いいえ (73.0) いいえ (72.6)	わからない (4.4) わからない (4.8)	無回答 (0.4) 無回答 (0.3)
孤独感と満足感	さびしいと感じることがありますか	はい (25.2) はい (19.9)	いいえ (73.7) いいえ (78.8)	わからない (1.1) わからない (1.0)	無回答 (0.0) 無回答 (0.3)
	家族や親戚や友人との行き来に満足していますか	いいえ (5.8) いいえ (10.3)	はい (90.1) はい (85.6)	わからない (4.0) わからない (3.8)	無回答 (0.0) 無回答 (0.3)
	生きていても仕方がないと思うことがありますか	はい (12.8) はい (12.0)	いいえ (85.4) いいえ (84.6)	わからない (1.8) わからない (3.1)	無回答 (0.0) 無回答 (0.3)
	悲しいことがたくさんあると感じますか	はい (11.3) はい (12.3)	いいえ (86.1) いいえ (84.6)	わからない (2.2) わからない (2.7)	無回答 (0.4) 無回答 (0.3)
	生きることは大変きびしいと思いますか	はい (62.4) はい (62.3)	いいえ (32.1) いいえ (31.5)	わからない (5.1) わからない (5.8)	無回答 (0.4) 無回答 (0.3)
	今の生活に満足していますか	いいえ (9.9) いいえ (10.6)	はい (86.1) はい (83.9)	わからない (3.6) わからない (5.1)	無回答 (0.4) 無回答 (0.3)

注：項目別単純集計結果は，参考までに直井（1990）による台東（上段）と目黒（下段）の結果を示している．また，本調査で使用した項目には色をつけている．

資料：直井（1990：151）の表1をもとに作成．

されていることから，これらの有り様が高齢者の主観的幸福感に影響を及ぼすことは十分に考えられる．そのため，社会活動状況に関する要因[4]についても検討する．

以上の先行研究の検討をふまえ，本研究では後期高齢者も含めた高齢者を対象に，主観的幸福感の次元別の分析を試みる．その際，規定要因としては「年齢」「性別構成」「配偶者の有無」「同居子の有無」「友人の数」，「きょうだい関係状況」に関する3つの要因と社会活動状況に関する2つの要因，計10要因について検討する．

第3節 ── 老化の受け止め方・精神的な安定性・孤独感と満足感

本研究での対象者たちの主観的幸福感の実態について各項目の単純集計結果を示したのが表5-2である．対象としている年齢層等が違うため直接比較することはできないが，参考までに直井（1990）の台東と目黒での結果（表5-1）を参照しながら本研究での対象者たちの特徴をみていきたい[5]．第一次元「老化の受け止め方」に関する1つ目の項目「あなたは現在，去年と同じくらい元気があると思っていますか」という質問に対して，本研究での対象者では「はい」が44.4％，「いいえ」が43.7％とほぼ同じぐらいの割合であるのに対し，台東での割合はそれぞれ65.3％，32.5％，目黒は70.9％，27.7％と肯定する割合が高い．しかし，第一次元の2つ目の項目「年をとるということは若い時に考えていたより，よいと思いますか．悪いと思いますか．それとも同じだと思いますか」に対しては，それぞれ「悪い」が65.0％，59.6％で「よい」が22.3％，22.9％，そして「同じ」が12.8％，17.1％というように，台東と目黒では年をとることは若い時に考えていたよりも「悪い」と回答した割合が高い．本研究でもやはり「よい」が20.7％，「悪い」が38.1％と「悪い」の割合が高い．しかしその一方で，「年をとることは若い時に考えていたのと同じ」だとする人の割合が35.6％とそれに近いぐらいの割合である点が特徴的である．

表5-2 主観的幸福感についての項目別単純集計結果

次元	項目内容	カテゴリー（割合％）			
老化の受け止め方	あなたは現在，去年と同じくらいに元気があると思っていますか	いいえ (43.7)	わからない (8.5)	はい (44.4)	無回答 (3.4)
	年をとるということは若い時に考えていたより，よいと思いますか．悪いと思いますか．それとも同じだと思いますか	悪い (38.1)	同じ (35.6)	よい (20.7)	無回答 (5.6)
精神的な安定性	心配だったり，気になったりして眠れないことがありますか	はい (34.8)	わからない (5.2)	いいえ (56.3)	無回答 (3.7)
	物ごとをいつも深刻にうけとめる方ですか	はい (50.4)	わからない (14.4)	いいえ (31.5)	無回答 (3.7)
孤独感と満足感	さびしいと感じることがありますか	はい (32.2)	わからない (5.9)	いいえ (57.8)	無回答 (4.1)
	生きることは大変きびしいと思いますか	はい (67.0)	わからない (7.8)	いいえ (21.9)	無回答 (3.3)

　第二次元「精神的な安定性」に関する1つ目の項目「心配だったり，気になったりして眠れないことがありますか」という質問に対して，台東と目黒ではどちらも「はい」が約3割，「いいえ」が約7割である．それに対し，本研究の対象者では「はい」が34.8％，「いいえ」が56.3％である．2つ目の項目「物ごとをいつも深刻にうけとめる方ですか」という質問では，台東と目黒はそれぞれ「はい」が39.1％，33.2％で「いいえ」が55.1％，60.6％と肯定的回

答よりも否定的回答の割合が高い．それに対し，本研究の対象者では逆に「はい」が50.4％,「いいえ」が31.5％と否定的回答よりも肯定的回答の割合が高い．つまり，物ごとを深刻にうけとめる方だという人の割合が高いのである．

第三次元「孤独感と満足感」に関する１つ目の質問「さびしいと感じることがありますか」について,「はい」が25.2％，19.9％,「いいえ」が73.7％，78.8％である台東と目黒に対して本研究の対象者では「はい」が32.2％,「いいえ」が57.8％である．２つ目の「生きることは大変きびしいと思いますか」という質問でも「はい」が67.0％,「いいえ」が21.9％と生きることの厳しさを否定する人の割合が約２割である本研究での対象者に対して，台東と目黒ではどちらも「いいえ」が約３割である．

以上から，本研究での対象者はどの次元においても幸福感はやや低い傾向がみられるようである．しかしその一方で,「年をとるということは若い時に考えていたより良くも悪くもなく同じである」とする人の割合が比較的高い．故に，必ずしも自らの老化を悲観しすぎているわけではなく，むしろありのままに受け止めようとする人の割合が比較的多いのだとも解釈できよう．

主観的幸福感の３つの次元と諸要因との相関の有り様に違いはあるのだろうか．あるのだとすれば，どのような違いがあるのだろうか．これを調べるため，本章では主観的幸福感の３次元と「年齢」「性別構成」「社会活動状況」「きょうだい以外の人間関係状況」「きょうだい関係状況」との２変数相関分析を行う．表5-2の主観的幸福感の各項目カテゴリー欄では「無回答」を除き，左から右へ順に幸福感が高くなるように示している．そこで，本章での分析に先立ってまず，各項目について，表5-2のカテゴリー欄の一番左にあるカテゴリーを選択した場合は１点，真ん中の場合は２点，一番右の場合は３点を配す．このような手順で次元ごとに２つの項目の点数を合計する．すなわち，値は最小で２点から最大６点の間をとり，数字が大きいほど各次元の幸福感が高いことになる．その得点の分布を示したのが表5-3である．

では，この３つの次元と諸要因との相関の有り様に違いはあるのだろうか．

表5-3 主観的幸福感の次元別得点分布

	2	3	4	5	6	平均値	標準偏差	計
老化の受け止め方	23.4	17.1	25.4	21.4	12.7	3.8294	1.3444	100.0 (252)
精神的な安定性	26.3	8.1	29.3	9.7	26.6	4.0232	1.5172	100.0 (259)
孤独感と満足感	27.1	6.6	42.5	6.9	17.0	3.8031	1.3654	100.0 (259)

注：表中の数字は％，（　　）内の数字は実数を示す．

　これを調べるため，主観的幸福感の3次元と「年齢」「性別構成」「社会活動状況」「きょうだい以外の人間関係状況」「きょうだい関係状況」との2変数相関分析を行った．その結果を示したのが表5-4である．3つの次元に共通して「年齢」「同居子の有無」「配偶者の有無」「きょうだいと会う頻度」「役職についている団体・組織の有無」で相関がみられず，逆に「友人の数」とは正の相関がみられた[6]．「年齢」について，本研究と同様に後期高齢者も含む東京都区部所在の老人福祉センターと老人大学を対象にした調査でも有意な相関は認められず，それは性別にわけて分析しても同様であったことが明らかになっている（前田ら 1979）．また，子どもについては，直井（1990）が子どもの有無や子どもとの同別居は幸福感と有意な相関がみられなかったことを指摘している．しかし，前期高齢者と後期高齢者での違いが存在する可能性を指摘しているため，「年齢」についてはさらに前期高齢者と後期高齢者という区分での分析も試みた．その結果，やはりいずれの次元とも有意な相関はみられなかった．
　では，残りの諸要因との関係はどうであろうか．「性別構成」は第一次元の「老化の受け止め方」と第三次元の「孤独感と満足感」との有意な関連がみられるものの，第二次元の「精神的な安定性」とはみられない．一方，「情緒的サポートニーズ」は第二次元「精神的な安定性」と第三次元「孤独感と満足感」と共に負の相関をもち，第一次元「老化の受け止め方」との有意な相関はみられない．「現在行っている社会活動の有無」と「電話や手紙頻度」はどちらも第一次元「老化の受け止め方」とのみ正の相関がみられる．

表5-4　2変数相関分析結果

		老化の受け止め方	精神的な安定性	孤独感と満足感
属性	年齢（60～69歳/70～79歳/80歳以上）	-0.094	-0.003	-0.005
	〔前期高齢者(60～75歳)/後期高齢者(75歳以上)〕	-0.089	-0.038	-0.044
	性別構成（男男/男女/女男/女女）	0.201*	0.135	0.186*
社会活動状況	現在行っている社会活動の有無（無/有）	0.180*	0.077	0.074
	役職についている団体・組織の有無（無/有）	-0.083	-0.076	-0.053
きょうだい以外の人間関係状況	同居子の有無（無/有）	-0.036	0.048	0.050
	配偶者の有無（無/有）	0.076	0.069	0.131
	友人の数（なし/1～5人/6～9人/10人以上）	0.175***	0.154***	0.144**
きょうだい関係状況	会う頻度	0.070	-0.058	0.001
	電話や手紙頻度	0.129*	-0.066	-0.051
	情緒的サポートニーズ	-0.060	-0.134*	-0.112*

注：表中の数値は，「性別構成」のみクラマー'V係数，他はケンドールの順位相関係数，
　　＊印は有意水準をあらわす．
　　＊：$P<0.05$，＊＊：$P<0.01$，＊＊＊：$P<0.001$

表中にカテゴリー表示のない変数のカテゴリーを以下に示す.
・「会う頻度」：「ほとんど会ってない」，「年1～2回」，「月1回程度」，「週1回程度」，
　　「ほぼ毎日」の5段階．
・「電話や手紙頻度」：「ほとんどしない」，「年1～2回」，「月1回程度」，「週1回程度」，
　　「ほぼ毎日」の5段階．
・「情緒的サポートニーズ」：「相談しない」，「どちらともいえず」，「相談する」3段階．
・「地理的状況」：「同居」，「徒歩圏内」，「片道30分未満」，「片道30分以上1時間未満」，
　　「片道1時間以上」の5段階．
・「関係意識」：「そうは思わない」～「そう思う」までの5段階．
・「老化の受け止め方」「精神的な安定性」「孤独感と満足感」については，表5-3で示した2点
　～6点の5段階．

　このように，残りの諸要因，すなわち「性別構成」「情緒的サポートニーズ」「現在行っている社会活動の有無」「電話や手紙頻度」という要因は，幸福感の次元によって有意な相関がみられたり，みられなかったりするのである．加えて，類似した要因間でも相関関係には違いがみられる．例えば社会活動状況については団体や組織で役職についているかどうかよりも，現在している社会活

動が有るか無いかの方が幸福感と相関がある．同様に，きょうだい関係状況についても，会う頻度という直接接触よりも電話や手紙頻度のような間接的接触の方が幸福感との相関がみられるのである．以上のような，同じ要因でも幸福感の次元によって相関関係が異なったり，社会活動状況，きょうだい関係状況それぞれを捉えた諸要因の間でも相関関係が異なったりするという点は特に注目すべきであろう．

　各要因と主観的幸福感との関連を次元ごとに比較検討してきた．しかし，これらの相関関係には擬似相関，あるいは擬似無相関が存在することも考えられる．そのため，多変量解析を行うことにより，それらみせかけの相関，あるいは無相関の部分は修正されなくてはならない．そこで，先で検討した全ての要因を投入してカテゴリカル回帰分析[7]を行った．その結果を示したのが表5-5である．

　まず，「現在役職についている団体・組織の有無」「同居子の有無」「配偶者の有無」「会う頻度」はみな，3つの次元のどれに対しても有意な規定力をもっていない．では，少なくとも3つの次元のいずれか1つに対して有意な規定力をもっている諸要因ではどのような規定の仕方がみられるのだろうか．先で行った2変数相関分析での結果を参照しながらみていくことにしよう．

　「年齢」は，相関分析ではどの次元とも相関がみられなかったにもかかわらず，回帰分析では第三次元の「孤独感と満足感」に対して正の規定要因になっている．「性別構成」については，第一次元「老化の受け止め方」と第二次元「精神的な安定性」に対して共に正の規定要因になっている．特に，先の2変数相関分析では第二次元「精神的な安定性」と「性別構成」との間に有意な関連がみられなかったにもかかわらず，回帰分析では強い規定要因として作用している．逆に，相関分析では有意な関連のみられた第三次元「孤独感と満足感」に対して，回帰分析では有意な規定力をもっていないという違いがみられる．続いて「電話や手紙頻度」は，相関分析での結果と同様に第一次元「老化の受け止め方」に対して正の規定要因になっている．その一方で，相関分析では有意

表 5-5　回帰分析結果

		老化の受け止め方 β	精神的な安定性 β	孤独感と満足感 β
属性	年齢	0.140	0.040	0.286**
社会活動状況	性別構成（男男/男女/女男/女女）	0.174**	0.318***	0.050
	現在行っている社会活動の有無（無/有）	0.186*	0.057	0.013
	現在役職についている団体・組織の有無（無/有）	-0.057	-0.022	-0.070
きょうだい以外の人間関係状況	同居子の有無	-0.066	0.072	0.036
	配偶者の有無	0.007	0.086	0.178
	友人の数	0.134	0.340***	0.367***
きょうだい関係状況	会う頻度	0.123	-0.057	0.141
	電話や手紙頻度	0.179*	-0.160*	-0.104
	情緒的サポートニーズ	-0.155	-0.232**	-0.223**
	F 値	2.381	2.320	2.484
	調整済み R^2	0.133**	0.146**	0.154**

注：表中の数値は，標準回帰係数 β，＊印は有意水準をあらわす．
　＊：P<0.05，＊＊：P<0.01，＊＊＊：P<0.001

表中にカテゴリー表示のない変数のカテゴリーを以下に示す．
・「同居子の有無」：「無し」＝1，「有り」＝2
・「配偶者の有無」：「無し」＝1，「有り」＝2
・「友人の数」：「いない」＝1，「1～5人」＝2，「6～9人」＝3，「10人以上」＝4
・「会う頻度」：「ほとんど会ってない」＝1，「年1～2回」＝2，
　　　　　　　「月1回程度」＝3，「週1回程度」＝4，「ほぼ毎日」＝5
・「電話や手紙頻度」：「ほとんどしない」＝1，「年1～2回」＝2，
　　　　　　　「月1回程度」＝3，「週1回程度」＝4，「ほぼ毎日」＝5
・「情緒的サポートニーズ」：「相談しない」＝1，「どちらともいえず」＝2，「相談する」＝3
・「現在行っている社会活動の有無」：「無し」＝1，「有り」＝2
・「現在役職についている団体・組織の有無」：「無し」＝1，「有り」＝2
・「老化の受け止め方」「精神的な安定性」「孤独感と満足感」については，表5-3で示した2点～6点の5段階．

な相関がみられなかったのにもかかわらず，第二次元「精神的な安定性」に対して負の規定要因になっている．「友人の数」については，第二次元「精神的な安定性」，第三次元「孤独感と満足感」ともに正の規定要因である．しかし，

相関分析では有意な相関のみられた第一次元「老化の受け止め方」に対しては回帰分析の結果，有意な規定力をもたなくなっている．最後に「現在行っている社会活動の有無」は，第一次元「老化の受け止め方」に対して正の規定要因，「情緒的サポートニーズ」は，第二次元「精神的な安定性」と第三次元「孤独感と満足感」に対してそれぞれ負の規定要因となっており，どちらも相関分析と同じ結果である．

次に，幸福感の3つの次元はそれぞれどのような要因に規定されているのかについて，次元別にみてみよう．まず，第一次元の「老化の受け止め方」に対して有意規定要因となっていたのが，「現在行っている社会活動の有無（β=0.186）」「電話や手紙頻度（β=0.179）」，「性別構成（β=0.174）」という3つの要因である．この3つの要因はほぼ同じような正の規定力をもっており，回帰モデル全体では13.3%の説明力である．すなわち，現在，社会活動を行っている人，きょうだいとの電話や手紙頻度が多い人ほど，老化の受け止め方が良いということである．また，性別構成については「男男」「男女」「女女」「女男」の順で老化の受け止め方が良いということになる[8]．

第二次元の「精神的な安定性」に対しては，「友人の数（β=0.340）」と「性別構成（β=0.318）」がそれぞれ正の規定要因，「情緒的サポートニーズ（β=-0.232）」，「電話や手紙頻度（β=-0.160）」が負の規定要因となっている．すなわち，友達の数が多い人，情緒的サポートニーズの少ない人，電話や手紙頻度が少ない人ほど，精神的な安定性が高いということである．そして「性別構成」では，第一次元の場合と1番目と2番目の順序が入れ替わり，「男女」「男男」「女女」「女男」の順で精神的な安定性が高い[9]ことが明らかになった．また回帰モデル全体での説明力は14.6%である．

最後に，第三次元の「孤独感と満足感」に対しては，有意な規定力をもっている3つの要因の中でも特に「友人の数（β=0.367）」が強い規定力をもち，規定力では2番目に強い「年齢（β=0.286）」と共に正の規定要因となっている．また，「情緒的サポートニーズ（β=-0.223）」が負の規定要因となっており，

回帰モデル全体では15.4%の説明力をもつ．すなわち，友人の数が多い人，年齢の高い人，情緒的サポートニーズの少ない人ほど，孤独感が低く満足感が高いといえる．

第4節 ——「親族か友人か」から「きょうだいも友人も」へ

　本章では，きょうだい関係状況をはじめとする諸要因と主観的幸福感との関係を主観的幸福感の次元別に検討してきた．その結果明らかになった知見のうち，ここでは特に諸要因の影響の仕方とそこからみえてくる主観的幸福感の3つの次元がもつ特徴について，きょうだい関係との関連で考察してみたい．

　第一に，同じ要因であっても幸福感の次元によってその影響の仕方が異なる．また，たとえ同じきょうだい関係状況であっても，それが直接接触なのか間接接触なのか，それともサポートに対するニーズなのかという関係性の内容によっても影響の仕方は異なる．より詳細にみてみると，会う頻度という直接接触はどの次元に対しても有意な規定力をもたない．一方，電話や手紙頻度で捉えられる間接接触は「老化の受け止め方」と「精神的な安定性」に対して，そしてきょうだいへのサポートニーズは「精神的な安定性」と「孤独感と満足感」に対して，それぞれ有意な規定要因になっている．

　この結果から，「きょうだい関係」といっても，どの側面を捉えているのかによってその関係性が果たす機能は異なることが示唆される．特にきょうだい関係の中でも2つの「接触」における差異に注目すると，第4章で示した単純集計結果からもうかがえるように，直接接触より間接接触の方が親族儀式などのいわば規範化された場面とは異なる場面での接触を含むと考えられる．もしそうであるならば，この結果は次のように解釈することも可能だろう．つまり，「老化の受け止め方」や「精神的な安定性」を左右するのは，きょうだいとの規範化された場面での接触というよりも，個々人によって選択された場面での接触であるということである．

第二に，きょうだいの性別についてである．本研究では，対象者本人の性別だけでなく，きょうだいの性別をも考慮した「性別構成」として分析した．その「性別構成」が有意な規定要因となっていたのが，主観的幸福感の中でも第一次元の「老化の受け止め方」と「精神的な安定性」という第二次元である．しかし，より詳細に検討すると，2つの次元間においても違いがみられる．すなわち，第一次元では，「男男」「男女」「女女」「女男」の順で老化の受け止め方が良いのに対して，第二次元では第一次元の場合と1番目と2番目の順序が入れ替わり，「男女」「男男」「女女」「女男」の順で精神的な安定性が高いのである．

　先行研究で Cicirelli（1985）が女きょうだいに対する親密さの認知と well-being との関連を指摘している．また，それは男女ともにみられるという．確かに，本章で得られた知見をみても第二次元の「精神的な安定性」は男女ともに女きょうだいである場合に高くなっている．しかしながら，第一次元の「老化の受け止め方」は，女きょうだいというよりもむしろ男女ともに同性同士である場合の方が異性同士の場合より受け止め方が良い．この点についてさらに考察を進めると，「老化の受け止め方」は，3つの次元の中でもはじめに指摘したようなこれまでの人生確認に関わる部分が大きい．そして，特に今の高齢者たちの世代では同性同士の方が異性同士に比べて共有する人生上の出来事が多いとも考えられる[10]．そのため，異性同士の場合に比べて同性同士のきょうだいである場合の方が互いの人生確認機能をよりよく果たすのかもしれない．

　第三に，年齢についても少し触れておくと第三次元の「孤独感と満足感」にのみ有意な規定要因として作用している．先行研究においても，幸福感を「士気」と「満足感」という2因子から捉えた藤田ら（1989）が，その両因子と年齢との関連に違いがみられたことを明らかにしている．そしてその違いを「士気」は高齢になるに従って衰えるとしても，高齢者たちはその生活の中で「満足」を見出していくのだと解釈している．本章での結果は，この解釈と相通ずるものである．

第四に，社会活動ときょうだい関係についてである．第一次元「老化の受け止め方」に対して，「現在行っている社会活動の有無」と「電話や手紙頻度」がほぼ同じ強さの規定要因として作用している．この点について，筆者が行った事例調査でも，高齢者の中にはきょうだいとの関係を基盤にしながら奉仕団体に入って福祉活動に携わったり，地域の公民館や老人ホームで活動したりと，社会活動へ参加する人もいることが明らかにされている．そして，そのことを通じて幼少期から高齢期の現在に至る自らの人生の連続性を実感しているのである（第7章）．この知見と本章で新たに得られた知見を考え合わせるならば，幼少期から高齢期に至るような長期にわたる関係をもちうるきょうだいの存在は，今日「豊かな老後」の実現を目指して進められている高齢者の生きがい対策にとっても重要な意味をもつものと思われる．

　最後に，先行研究でも関心が寄せられてきた点，すなわち高齢者の幸福感に効果をもつのは「家族か親族か友人か」という点についてである．全体としては，幸福感の次元によってそれぞれの関係性が果たす役割は異なることが推察される．関係性ごとにもう少し詳細にみてみれば，家族（配偶者や同居子）はどの側面に対しても有意な規定力をもっていない．これは先行研究でも指摘されてきたことであり（例えば，前田ら 1989，直井 1990等），本章での分析でも改めてそれが確認された．次に，「親族か友人か」である．これについて本研究では親族としてきょうだいに焦点を当てて分析を行った．つまり，「きょうだいか友人か」というわけである．この点について再度，本章での分析を通して得られた知見をみてみると，幸福感の次元によってやはり2つの関係性が果たす役割は異なることがわかる．すなわち，第一次元の「老化の受け止め方」に対してはきょうだいが，第二次元の「精神的な安定性」と第三次元の「孤独感と満足感」に対してはきょうだいと友人が，それぞれ有意な影響を与えているのである．この結果は，高齢者の主観的幸福感に効果をもつのは「きょうだいか友人か」のどちらか一方だというよりも，「きょうだいも友人も」両方であるということを示唆するものだといえよう．

第５節 ——「関係性の歴史」への注目

　第４章そして本章にて，質問紙調査で得られた量的データを用いての実態の提示と分析，考察を行ってきた．その結果，得られた知見をここで総括し，続く第６章，第７章での事例分析の課題を提示する．

　第４章では，きょうだい関係を「会う頻度」という直接接触，「電話や手紙頻度」という間接接触，「情緒的サポートニーズ」という３つの側面に分けて捉えて分析を行った．続く本章では，高齢期における自らの人生の再考・意味づけの結果を示すものとして主観的幸福感を位置づけ，その３つの次元と，第４章で検討したきょうだい関係の３つの側面をはじめとする諸要因との関係について検討した．第４章での単純集計結果によると，「直接接触」が「年に１〜２回程度」，一方，「間接接触」では「月に１回程度」という回答が最も多いという違いがみられた．この結果から，きょうだい同士が直接会う（「直接接触」）のは盆と正月というように親族行事などのいわば規範化された場面であることがうかがえる．逆に，「間接接触」ではそのような場面以外の個々人によって選択された場面での接触をも捉えていることが推察される．そして，「間接接触」に対してのみ「年齢」が負の規定要因になっていたことから，接触の中でも個人の選択に任されている部分が年齢の上昇と共に起こる身体の衰えなどの影響を受けやすいと考えられる．「性別」との関連では，「間接接触」と「情緒的サポートニーズ」がどちらも相手が「女きょうだい」である場合に頻度が高くなるという結果であるのに対して，「直接接触」では「性別」は有意な規定要因になっていない．この結果から，盆や正月といったいわば規範化された場面での接触においては性別の影響はみられないことが示唆される．

　さらにきょうだい関係と主観的幸福感との関連について，本章での分析より「直接接触」は主観的幸福感のどの次元に対しても有意な規定力をもたない一方で，「間接接触」では「老化の受け止め方」と「精神的な安定性」に対して有意な規定要因となっていたことが明らかにされた．この知見と単純集計結果

での知見を考え合わせると，主観的幸福感の「老化の受け止め方」や「精神的な安定性」といった側面を左右するのは，きょうだいとの規範化された場面での接触というよりも個々人によって選択された場面での接触であると推察される．同じく本章で，その「老化の受け止め方」に対する「間接接触」のもつ規定力は「現在行っている社会活動の有無」とほぼ同じ強さであること，そして，女きょうだいというよりもむしろ男女ともに同性同士である場合の方が異性同士の場合よりも「老化の受け止め方」がよいことも明らかになっている．

このように，第4章と本章で得られた知見を「直接接触」と「間接接触」との差異を中心に整理した結果，きょうだい関係の中でも規範的な側面よりも個人によって選択されるような，すなわち選択的な側面に注目する必要がある．なぜなら，きょうだいとの選択的な関わりが，高齢期における人生の再考・意味づけプロセスに重要な意味をもつと考えられるためである．しかし，高齢期において誰もがきょうだいを選択するわけでも，きょうだいであれば誰もが選択されるわけでもないだろう．だとすれば，その選択を左右する要因は何なのであろうか．しかもここで整理された知見から，きょうだいとの選択的な側面は年齢による影響も受けやすいと考えられる．そこで，続く事例分析では高齢期におけるきょうだい関係の選択的側面に焦点を当て，加齢による変化のプロセスの中でそれを左右する要因を追究することが第一の課題となる．

続いて，きょうだいとの関係と同居子，配偶者，友人との関係それぞれとの関わりについての知見を整理する．まず，きょうだいとの関係と同居子との関係では，「直接接触」，「間接接触」，「情緒的サポートニーズ」いずれの側面でも代償仮説は支持されず，両者は相互排他的なものでもなければ相互補完的な性質のものでもないと考えられる．きょうだいとの関係と配偶者との関係では，「直接接触」「間接接触」においては代替関係にあるが，「情緒的サポートニーズ」においては代替関係にないことが示された．また，同居子との関係，配偶者との関係ともに主観的幸福感のどの次元にも有意な規定力をもってはいなかった．

一方，きょうだいとの関係と友人との関係との関わりについては様相が異な

る．すなわち，「直接接触」，「間接接触」において両者は相互促進的に作用しながら並存しているとみられ，主観的幸福感の3つの次元に対しては，高齢者にとってきょうだいとの関係は「老化の受け止め方」，「精神的な安定性」，「孤独感と満足感」という全ての次元，友人との関係は「精神的な安定性」と「孤独感と満足感」という次元に有意な規定力をもつという知見が得られた．また，「情緒的サポートニーズ」においては友人の少ない人ほどきょうだいにサポートを求めるという代償仮説を支持する結果であり，友人との関係のみがきょうだい関係の3つ全ての側面と関わりをもつのである．

特にこの「情緒的サポートニーズ」については，第4章での分析から「大きくなるにつれて，きょうだいとの年齢差をあまり感じなくなった」という「対等感」として捉えた「関係意識」が最も強い規定力をもつことが明らかになった．「間接接触」にはさらに「いくらきょうだいと言っても，幼い頃にあまり関わりがなければきょうだいの情はわいてこない」という「懐旧再生感」として捉えた「関係意識」が負の規定要因として作用している点で「直接接触」とは異なっている．

これらの知見，すなわち生涯にわたる時間と環境の中で達成される「関係意識」が，(1)「情緒的サポートニーズ」を規定する諸要因の中で最も強い規定力をもつこと，(2)「間接接触」にも規定要因として作用しているが「直接接触」には有意な規定要因になっていないことは，高齢期におけるきょうだい関係を捉える視点・方法を見直す必要性を示唆する．すなわち，高齢期きょうだい関係の「間接接触」や「情緒的サポートニーズ」という側面については特に，高齢期に至るまでのきょうだいとの「関係性の歴史」に注目した分析が求められるということである．これを行うのが事例分析での第二の課題である．その際には，きょうだい以外の人々との関わり，なかでもきょうだい関係の3つの側面全てと関わりのあった友人関係との関わりには特に注目した分析を行う必要がある．

以上，第4章と本章での分析から2つの課題を提示した．続く第6章，第7

章では，これらの課題に質的データの分析を通してアプローチする．そのことによって，ここで「高齢期」という一時点での実態として明らかになったきょうだい関係や主観的幸福感の実態が，高齢期の社会化の中でどのように現れてくるのか，というより詳細なプロセスが追究されるのである．

注

1) 17の項目全ての具体的な内容については Lawton（1975），直井（1990），森岡（2000），などを参照のこと．
2) 直井（1990）では，60歳から75歳の対象者を「前期高齢者」としている．本研究では，それにしたがい，60歳から75歳の高齢者を「前期高齢者」，それより年齢の高い75歳以上の高齢者を「後期高齢者」として区分する．
3) きょうだい関係の3つの側面，すなわち「きょうだいと直接会う頻度（会う頻度）」「きょうだいとの電話や手紙のやり取り頻度（電話や手紙頻度）」そして「人生や生き方など個人的な悩み事については，きょうだいに相談しますか」とたずねた「きょうだいに対する情緒的サポートニーズ（情緒的サポートニーズ）」である．
4) 社会活動状況を本研究では「現在行っている社会活動経験の有無」と「現在役職についている団体・組織」の2つから捉える．
5) 項目別カテゴリー割合の特徴は直井（1990）と同じく前期高齢者のみの場合でも同傾向であったため，ここでは全対象者の割合を示している．
6) 本章で行っている有意性検定は，サンプルが確率的なものではないが信頼しうる偶然以上の結果であることを明らかにするための最低限の基準として用いている（Elder 1974=1986：370）．
7) カテゴリカル回帰分析については石村（2001）を参照．
8) カテゴリカル回帰分析の結果，「性別構成」の各カテゴリーは値の大きい順に「男男」=2.490,「男女」=0.730,「女女」=-0.398,「女男」=-0.636と数量化された．そのため，これをもとに解釈を行った．
9) カテゴリカル回帰分析の結果，「性別構成」の各カテゴリーは値の大きい順に「男女」=2.950,「男男」=0.116,「女女」=0.046,「女男」=-1.153と数量化された．そのため，これをもとに解釈を行った．
10) 例えば，筆者が行った事例調査のあるインフォーマントが語るように「一緒に暮らしてても，一定の年になったら男連中は2階へ上がれ」と男女が部屋を別にされたり，また別の対象者のいうように「（遊ぶのでも）男は男，女は女って感じだった」（第6章）ということから，とりわけきょうだい達が離家する以前

の出来事については，同性同士の方が異性同士のきょうだいよりも共有されやすい状況にあったと推察される．

第6章

高齢期におけるきょうだい関係の活性化

第1節 ── 高齢期家族の多様化

　家族の多様化がいわれて久しいが，今やそれが1つの共通認識になりつつある．その中で，高齢期家族もいわゆる従来の家族の定義に規定される「The Aging Family」から高齢者の主観的選択にもとづいた「Aging Families」へのパラダイムの変化が指摘されている（Allen, et al. 2000）．高齢期とは，第2章で検討したように，とりわけ長寿高齢化の現代にあっては義務的・拘束的な役割から開放される時期（藤崎 1998）であり，他の人生段階よりもさまざまな「社交の世界」に参加できる時間を多くもつ（Allan 1989＝1993）ことから，それまで形成してきた関係を再構築する時期（安達 1999）だといわれる．そしてまた，長寿高齢化とは，人々が共に長生きするということでもある．すなわち，「個人とその周囲の人びとは，ライフコースの旅において，これまでよりも長い道のりを連れだって歩くことになる」（Plath 1980＝1985）のである．

　このように高齢者を取り巻く状況が変化する中で，家族との関係も加齢に伴って規範や義務よりも，ボランタリーな絆やニーズにもとづく選択的なものになる（Johnson 2000）．このことを反映して，従来のような高齢期への移行に伴い，関係性を縮小，喪失していくだけの高齢者ではなく，むしろその縮小，喪失を意識的に克服しようとする高齢者の姿が浮かび上がってくる．その一例として，高齢者たちが高齢期以前に形成したパーソナルな関係を内容的に修正しながら持続させたり，それまでごく弱い絆として潜在化していた関係を再活

性化させたりしていること（藤崎 1998），またその過程においてきょうだいとの関係も再活性化していたことが明らかにされている（Jerrome 1981）（第2章）．第4章，第5章で得られた知見からは，きょうだい関係の中でも規範的な側面よりも個人によって選択されるようなきょうだいとの選択的な関わりが，高齢期における人生の再考・意味づけプロセスに重要な意味をもつと考えられる．長寿社会がより本格化した現在，そして今後とも，高齢期のパーソナルな諸関係のもつ意味はますます重要になってくる．にもかかわらず，高齢期においてきょうだいとの関係がなぜ，どのように活性化，あるいは再活性化（以下，活性化には再活性化を含む）されるのか，についてはほとんど明らかにされていない．

そこで本章では，きょうだい関係を固定的なものではなく，加齢に伴って変化する関係当事者間のニーズにもとづいて選択され，その相互作用の中で展開されていくようなボランタリーな関係性として捉えなおす．そして，高齢前期における友人関係の活性化を論じた先行研究（藤崎 1998）も参考にしつつ，活性化を高齢者による主観的な意味づけの結果，そのつきあいが頻繁であるという認識が生じることと捉える．その上で，高齢期におけるきょうだい関係の活性化を左右する要因を分析し，その結果から関係性の中で彼らが互いに満たしているニーズについて考察する．以上を通じて，高齢者にとってのきょうだい関係のもつ現代的意味を明らかにする．

第2節 ── きょうだいデータセット

本章では「当事者間のニーズにもとづいて選択される」というきょうだい関係についての高齢者自身の主観的意味づけに注目するため，筆者が2000年6月から2001年8月にかけて行った事例調査で得られた質的データを用いる．調査の概要や全対象者についての詳細は，第3章で示したとおりである．

本章ではこのようにして得られたデータのうち，きょうだい同士と甥からなるAさんら4名で構成されるデータセット（事例1：次女Aさん，三女Bさ

ん，四男Cさん，甥Dさん）を中心に取り上げる．きょうだい同士のデータセットを分析対象の中心にするのは，「当事者間での相互作用の中で展開されていく」というきょうだい間での相互作用のプロセスに注目するためである[1]．なかでもAさんらのデータセットを中心に取り上げるのは，1つのデータセットの中で現在，活性化しているきょうだい（以下，「活性型きょうだい」とする）と活性化されにくいきょうだい（以下，「非活性型きょうだい」とする）の両方を含むため，活性化を左右する要因を同時に比較対照させながら検討しうるという分析戦略上の利点からである．さらに，実のきょうだいではないがAさんらを「きょうだい」同様だという甥Dさんの事例も併せて分析できることは，非血縁者のきょうだい化とでもいうべきプロセス——Johnsonらはこうしたプロセスを「格上げ（upgrade）」と呼んでいる（Johnson & Barer 1997）——がみてとれ，当事者の意味づけにもとづくボランタリーな関係としてきょうだい関係を捉えなおすという点からみても有効だと考えたためである．

　ところで，一口にきょうだい関係といっても，その中には活性型ケースと非活性型ケースがある．さらに活性型ケースの中には，幼い頃から高齢期に至るまで一定して関係が継続してきた場合（継続活性型），幼い頃に活性化していた関係が成人期に一度潜在化した後高齢期に再び活性化する場合（再活性型），幼い頃にはそれほど活性化していなかった関係が高齢期になって活性化する場合（高齢期活性型），と大きく分けて3つがある．そこで，こうした活性化パターンの差異にも注意を払いつつ，以下ではまず，Aさんらきょうだいの中で活性型ケースと非活性型ケースの差異に注目する．その上で，その差異に対してAさんらが行う意味づけの仕方を分析することで，高齢期のきょうだい関係活性化を左右する要因を探求する．

第3節 —— 関係活性化の要因：事例分析

　X県の旧村で住み込み職人を抱えて自営業を営む家に生まれ育ったAさん

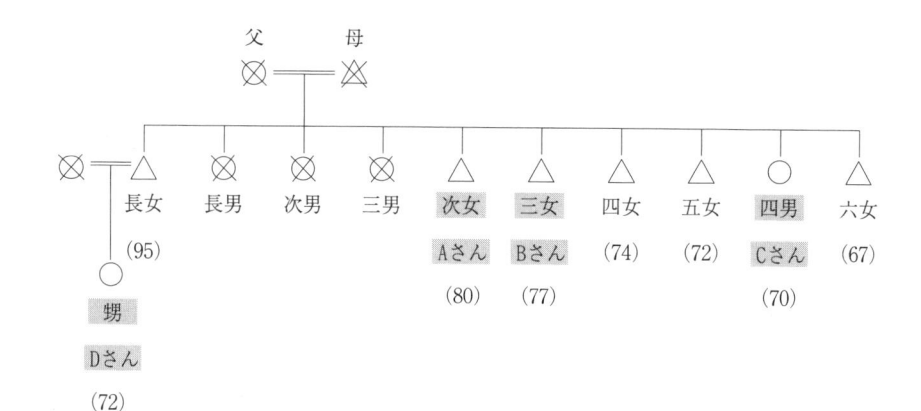

```
                    父      母
                    ⊗ ══ ⊠
        ┌───┬───┬───┬───┬───┬───┬───┬───┬───┐
   ⊗═△  ⊗   ⊗   ⊗   △   △   △   △   ○   △
   長女 長男 次男 三男 次女 三女 四女 五女 四男 六女
   (95)              Aさん Bさん (74) (72) Cさん (67)
    │                (80) (77)         (70)
    ○
   甥
   Dさん
   (72)
```

注：○：健在な男性，△：健在な女性，⊗：亡くなった男性，⊠：亡くなった女性である．
網掛けは今回のデータセットのインフォーマントを示す．
また，（ ）内の数字はインタビュー時点での年齢を表している．

図6-1　きょうだい構成とインタビュー時点での年齢

```
      <X県内>                           <X県から約750km離れた大都市地域>
   ┌─────────────────┐                ┌──────────────────┐
   │      ●四女        │                │                  │
   │           ●三女（Bさん）│          │        ●六女     │
   │ ●甥（Dさん）       │                │                  │
   │                   │                │    ●四男（Cさん）  │
   │ ●実家（墓）●長女  │                │                  │
   │                   │                └──────────────────┘
   │       ●次女（Aさん）│
   │                   │
   │      ●五女        │
   └─────────────────┘
```

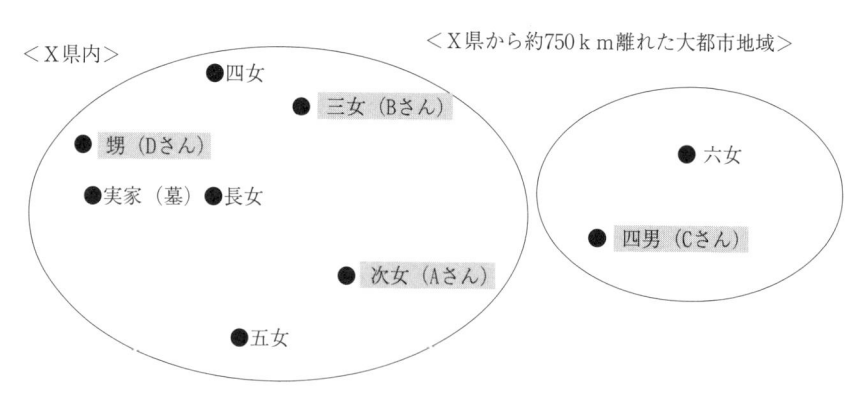

注：図の中の各きょうだいの分布はおよその地理的位置関係を，網掛けは今回のデータセットのインフォーマントを示す．

図6-2　きょうだいのインタビュー時点での地理的関係

らは，4男6女の10人きょうだいで，Aさんきょうだいの甥であるDさんは長女の息子であり，五女と同じ年である（図6-1）．現在，長男，次男，三男はすでに他界しており，Aさん，Bさん，Cさんを含む健在なきょうだいと甥Dさんの地理的位置関係は，X県から遠距離（およそ750km）の大都市地域に在住する四男Cさんと六女を除き，みなX県内在住である（図6-2）.

そこでまず，きょうだい関係が活性化されにくい理由としてAさんらが言及している要因を具体的な事例を用いて示す．続いて，それら同じ要因に注目しながらも反対に活性化している事例を対比させてみる．以上のような手順をふむ理由は，同一の要因が非活性型ケースと活性型ケースとではどのように異なって作用しているのかを対比させることによって，活性化を左右する要因探索がより明確になると考えるからである．

1．関係を活性化させない要因

次女Aさんは活性化されにくい四女との関係を，四女の家庭が「田舎の封建的な家庭で」「主人の許可なくして女が出るってこと」は難しく，「婚家先のお姑さんにも『あんた，里との付き合いはしても，きょうだいの付き合いはせんぞ』ゆうて先にちゃんと引導を渡されるから表向いて付き合いはしない」「今より姑さんが強かった」のだと説明する．四女との関係に限らず，「姑さんがいるとか，気兼ねする人がいると『ちょっと行ってきます』ゆうたら『どこへ？何しに？』ゆう風に言われると出にくい」といい，活性化されにくい理由として「配偶者や婚家先の理解や状況」要因をあげる．

また「（四女は）山の上の方において，自分が車に乗れんから，思う時に出てこれ」ず，「お百姓だし」「まだ現役で働いているからあまり（関係が活性化されない）」といい，「地理的距離」と「仕事の有無」に言及している．この2つの要因についても，Aさんは，四女との関係に限らず「仕事に行ってる間は自分の身体を束縛されているんで，やっぱり仕事離れてから」「行き来できる範囲にいればできる」，「これが交通機関を使って出入りするとなったらまた

ちょっと難しい」と説明する．

同じく活性化されにくい四女と五女との関係について三女Bさんは，「共通のものがあんまりないから」2人は接点がないというように，その理由として「興味・関心の不一致」をあげる．四男のCさんは長女との関わりを「僕と一番上のお姉さん（長女）というのはきょうだいであるという認識がまず先にありき」だという．そしてその理由として「極端に小さい頃の交わりがないですから」と「幼い頃の関わり度合い」という要因に言及している．

以上，Aさんきょうだいの事例において関係が活性化されにくい理由として言及されていた要因で注目されるのは，①「配偶者や婚家先の理解や状況」，②「地理的距離」，③「仕事の有無」，④「興味・関心の不一致」，⑤「幼い頃の関わり度合い」である．これらの要因については，本章にて具体的には取り上げていない他の事例の中でも，同様に言及されている．例えば，70歳代の女性が弟との関係を，「ちょっと遠いですからね．行くということはほぼない」「弟の方にはもう他人さんがついてるでしょう．何か気をつかうんです」といえば，60歳代の女性は姉との関係を「一足遠くて」「嫁いだ所も田舎ですので，きつい姑さんがいてねぇ．我が事だけで精一杯で私達きょうだいに構っている暇は無かった」と①「配偶者や婚家先の理解や状況」や②「地理的距離」をあげて説明する．定年前に亡くなった弟との関係を「2人とも仕事を引退してっていう時期があったら違ごぅとろぅのぅ」と③「仕事が無」ければ関係も活性化できたのではないかと想像する80歳代の男性もいる．

では逆に，これらの要因は活性型のきょうだいとの関係においては具体的にどのような形で作用しているのだろうか．活性型きょうだい関係として，AさんとBさんの場合を取り上げながら，対比的に検討を続けていくことにしよう．

2．関係を活性化する要因

同じ県内に住み，②「地理的距離」が車でおよそ10kmだという2人の行き

来について，Aさんは「行き来は車．Bが車に乗るからよく出入りしてくれる」という．ここから，先の四女の場合とは違い，車に乗れるBさんは自由にAさんの所へ来ることができるため，②「地理的距離」は活性化を阻害する効果としては語られていないことがわかる．続いて①「配偶者や婚家先の理解や状況」については，Bさんが「主人もよう理解してくれる」といえば，Aさんも「私の主人も良かったから，（私のきょうだいの話を）よく聞いてあげてたから」と，共に配偶者の理解があることに言及している．

③「仕事の有無」について，Bさんが「退職するまではきょうだいとの付き合いというのはあんまり．だけど姉さん（Aさん）とはな，ずっと関わってきました」と語るように，幼い頃からコンスタントに関係が維持されてきたというAさんとBさんとの関係も，Bさんによれば「退職以後の方が関わりはすごく密になった」．「それはお互いに仕事を離れた方が時間ができる」からだという．退職後の関わりの中で，Bさんと五女が習字で賞を貰った時，その表彰式に行くついでにAさんも誘って3人で「ほんなら旅行しよう」と一緒に旅行するなど，④「興味・関心の一致」もみられる．

⑤「幼い頃の関わり度合い」については，Bさんが，近所の子どもとの「遊びのリーダーに私の姉（Aさん）がいたことが私にはとても自慢」であったり，「私は朝，玄関の掃除をすることになってたのですが大抵，姉（Aさん）が代わりにしてくれてい」たと話すように，日常的に関わっていた様子がうかがえる．それだけでなく，BさんがAさんとの幼い頃の関わりで忘れられない出来事がある．それは，進学の時，「姉（Aさん）が『お母さん，私（Aさん）が働くからBには勉強させてやってぇ』」と母親にいってくれたことである．これをBさんは「今でも忘れることはできんのん」というように，関係の活性化において，先に述べたような⑤「幼い頃の関わり」のみならず，進学という重要なライフイベントでの理解やサポートが重要な意味をもつと考えられる．この6番目の要因，すなわち⑥「ライフイベント／危機的状況での理解・サポート」要因（以下，「ライフイベント」要因と表記）については，Aさんも戦後，外

地から引揚げて帰って「本当に言うに言われなんだ」「貧しさの連続」だった時のことを，「Bにはもう随分，世話になった」と振り返る．Bさんも「姉さん（Aさん）の主人が病気で困っている頃にはいろんなものを持って行ってやったり，面倒をみてやったこともある」と，互いのライフイベントや危機的状況の中で継続的にサポートの授受が行われてきたことがわかる．そしてBさんが「それを姉さん（Aさん）も忘れてない」というように，互いがそれを忘れずにいるということが，関係を一定して継続させてきた要因とも考えられる．

この⑥「ライフイベント」要因がきょうだい関係の活性化にもたらす影響を端的に示しているのが，甥でありながらAさん等と「きょうだい」として関わっていると語るDさんの事例である．Dさんは戦争中，父親が亡くなり母親（Aさん等きょうだいの長女）と一緒に引揚げてきて，次女Aさん等と一緒に生活するようになる．ある時，「居候というものの悲哀を感じ」て，「何とか自立して親と一緒に生活する場を求めにゃいけんという義憤に駆られて」「晩に出て行きかけたことがあるん」だという．その時，「Bゆう姉がなぁ，『おめぇ，どこへ行くんなら』」「帰って一緒におりゃあええんじゃ」と「制止してくれた」．「その時に感じたんがなぁ，今日，こうやってお姉さん等（Aさん，Bさん等）と付き合うていく」ようになった始まりであり，「きょうだいというものの味はわからんけども，きょうだいに準じることはこれだろうと」Dさんは思うようになったのだと語る．このように，⑥「ライフイベント」要因が，甥Dさんの中で主観的にAさん，Bさんを「きょうだい」として選択し，関わりを持たせる重要な意味をもつことがわかる．

以上，Aさんらきょうだいの中で活性型ケースと非活性型ケースの差異に注目し，その理由として言及されている要因を抽出，検討してきた．同様のプロセスを経て，今回，具体的には提示していないものも含む全15名の事例から抽出された活性化要因をまとめたのが表6-1である．

ところで，これらの活性化に関わる諸要因は個別・単独で作用するわけではなく，ある要因がきっかけとして作用することによって他の要因を次々に巻き

込んでいくような，要因間での加重累積的相互作用がみられるようである．この要因間の相互作用をプロセス的な時間の流れの中でより詳細に検討するため，先と同様 A さんらきょうだいの具体的事例に即して次の 2 つのプロセスをみていく．すなわち，活性型きょうだい関係のうち，「幼い頃に活性化していた関係が成人期に一度潜在化して高齢期になって再び活性化する場合（再活性型）」と「幼い頃にはそれほど活性化していなかった関係が高齢期になって活性化する場合（高齢期活性型）」の 2 つである．

3．再活性型きょうだい関係：A さんと C さんの場合

年が 10 歳以上違う次女 A さんと四男 C さんとの関係の中で 2 人が語る大きな出来事は，C さんが小学校 5 年生の時に 2 番目の兄が戦地で患った結核が C さんにもうつり，結核になったことである．C さんによると，その時「そこで 1 年，診療所で寝起きして助けてくれたのは A 姉さん」なのだという．A さんは，C さんが半年も生きられないと知りながら 1 年間看病して「助かって，元気になっ」たのである．その後も C さんが A さんの家に「下宿して大学の受験をし」たりと，2 人の関係は続いていた．ところが C さんが「会社を自分でつくってやっていたのを潰した」ことをきっかけに，「何年間か姉さん（A さん）とも連絡をとらない状況，とらないというのは僕がとらなかったんです」というように，C さん自身の意思で関係を絶ってしまう．A さんによると，その間，A さんらに対していつも「『おめぇら，C がどこにおるかわからんのに捜しに行ってやれぇ』ゆうて」C さんのことをとても心配し，心にかけていたのが A さんの夫であったという．

結局，10 年ほどの間，関係を絶っていた C さんが，「義兄貴（A さんの夫）が死んだのを知って姉さん（A さん）の所へ思い切って電話」する．「そしたら姉さん（A さん）も病気だというので，いても立ってもいられなくて飛んで帰って，それこそ何年ぶりかに帰って」再び関わるようになったのだという．それを A さんも「ドラマのようにあった」，「主人があれだけ心配しようたか

表6-1　きょうだい関係活性化の要因とその事例

活性化の要因	事例からの具体例	
A：仕事の有無	仕事に行ってる間は自分の身体を拘束されているんで・・・仕事離れてからですねぇ《C1》	妹に「おいで」とやかましくいうんですけど，働いてますから時間がなかなか見つけられなくてようやって来ませんねぇ《C8》
B：地理的距離	きょうだいで旅行行く人，多いですよねぇ．私なんか，きょうだいで（旅行の）出発点が違うからなかなか（一緒に行けない）《C2》	山の上の方におるから足が（ない）《C1》
C：配偶者や婚家先の理解や状況	お嫁さん次第できょうだい同士もね，疎遠になるっていうこともありますね《C6》	まだ封建的な家庭でしょう．そうしたら主人の許可なくしてな，女が外へ出るっていうことは（できない）《C1》
D：親の子どもへの関わり方	そういう風に関わりがもてるようなきょうだいに育てたのはやっぱり親《C1》	親としてはね，きょうだいが親密になるようにしむけていこうや，というね《C4》
E：血のつながり	きょうだいに全てを許せるのに理由なんてあってないようなものだけど，同じ親の下に生まれて同じ血を継いでいることかしら《C7》	きょうだいに代わるものを求めりゃええいうけど，求めて求め得られんのが血の流れ《C1》
F：きょうだいとの年齢差	（弟とは）12離れとるんじゃから．同じねずみの年じゃけどものぉ．よう話が合ようたもの《C4》	姉とも年が13も離れていますんでね，やっぱり昔は話の焦点が合わないっていうか，接点が合わないっていうか《C5》
G：ライフイベント／危機的状況での理解・サポート	病院で（主人が長くないと）言い渡された時に，お姉さんもお兄さんたちも来てくれたの《C2》	そりゃもう（姉が私を）懇意にしてまして．お産の時にでも1ヶ月も入院して私がずーっとつきっきりで《C6》
H：きょうだいの親代わりという側面	ただ親が偉くったってきょうだいが仲がいいとは限らない．親がきょうだいに下に下にみさせていって，それぞれに親代わりをさせるから．《C1》	兄は私の父代わりのような面があるところと同じようにね，姉もね，私，わりかしねぇ，母みたいな存在だったんですよ《C5》

活性化の要因	事例からの具体例	
I：幼い頃の関わり度合い	まぁ，意識の中ではきょうだいですけれどもね．極端に小さい頃の交わりがないですからね．《C1》	ワシ等，あんまり長ごぅ一緒におらんからのぅ．あんまり関わりが薄すぎて（妹が死んでも）悲しいということも無かった《C4》
J：ジブリングネットワーク(sibling network)のコーディネーター	何事かあったら私が指令を出すん．（年上だから）やっぱしまとめられる．みんなの気持ちかな，まとめやすい《C1》	（きょうだいで1人離れている）私に兄もよくいろんなことをいっては電話をかけてくりょうた，自分たちの方の様子を《C2》
K：興味・関心の一致／不一致	接点・共通のものがあんまりないから（関わりがない）《C1》	習字は私が，で，絵は妹が教えてくれるん《C1》
L：親族関係と儀式	法事なり結婚式，そういう時には（きょうだい）みんな会ぅてるわな《C4》	子どもだとかお嫁さんだとかとの関係の中できょうだいもまた接点がもてるような機会が増える《C2》
M：経済的余裕	勤めようたら少しはお金もあるでしょう《C1》	年金ももらえると小遣いも自由だし，そういうものが今の時代にきょうだいの輪の社会を作ってくれている《C1》
N：健康	なかなか姉の所へ来て，できんけんなぁ．へぇが，自分の体がいうこときかんけん《C2》	姉がよう来ませんやろうなぁ．健康であればね．《C6》
O：加齢	40，50ぐらいになって私がずーっと年を，加速するわけですよね．精神的に．だから，こう近づいていくわけですよ．そういう風になった時に初めてね，ああ，兄なんだと《C5》	年月を経て，だんだんと自分の先が見えてきた時に，自分は何だったんだろうかと思う時にああ，やっぱり自分のルーツは親・きょうだい，そういうものなんだなぁっていうね《C5》
P：性別	（遊ぶのでも）男は男，女は女っていう感じだったから《C4》	俗にいう，酸いも甘いもかみしめた中に本当の男女間を超越した所になっていくと《C1》

注：表中の《 》内のCに続く番号は，本文中でインタビュー対象者15名を分類したデータセットを示している．

ら呼んでくれたんだろう」と語る.「それから後はせきを切ったようにずーっとつきあって」おり,地理的にはかなり離れているAさんに「3日から1週間の間に必ず電話をして」「声を聞きゃあ,わかりますよね.ああ,今日はコンディション壊してるなとかっていうのはね」とCさんは話す.

ここから,Aさんの配偶者の死という①「配偶者や婚家先の理解や状況」要因をきっかけに,幼い頃に命を助けてくれたという⑥「ライフイベント」要因,⑤「幼い頃の関わり度合い」要因が絡み合いながら再び関係を活性化させる方向へと押し進めていることがうかがえる.また,Aさんが現代は「電話で話をすればお互いの声がすぐに聞けますから」「弟(Cさん)でもね,電話をかけてこれるから,話が何もなくてもな,5分かぐらいで済んでも電話の声が聞けるときょうだいのつながりがそこでまた深くなっていった」という.このように通常,活性化を妨げる非活性効果として語られそうな遠距離という②「地理的距離」要因も,それ以外の①「配偶者や婚家先の理解や状況」要因,⑥「ライフイベント」要因,⑤「幼い頃の関わり度合い」要因と関わることによって活性化を妨げる効果をもっていない.

さらに,AさんのことをCさんは「あの人(Aさん)も苦労を一生懸命して」て,「A姉さんはB姉さんに対して自分は働くからあんたは勉強しなさいという人だし,僕を,じゃあ私が1年面倒をみましょうっていうんで病気を治してくれた」と語る.ここから,自分とAさんとの⑥「ライフイベント」要因のみならず,AさんがBさんにした⑥「ライフイベント」要因をCさんも知っており,そのことがAさんとの関係をより深める方向へと作用していることがわかる.

4. 高齢期活性型きょうだい関係:Bさんと五女の場合

三女Bさんと五女が関わるようになったきっかけは,それぞれが退職し,時間ができはじめた頃に,次女Aさんの家でAさんの夫に五女が絵を教えるようになったことである.以前から家庭や仕事の悩みをAさん夫婦によく聞いてもらっていた五女は,病気で外に出られなくなったAさんの夫に,「義兄

さん，絵を描こうか」と声をかけたという．五女と同じく幼い頃から絵に関心をもっていたBさんも，「ほんなら私も」とAさんの家でAさんの夫と一緒に五女に絵を習うようになる．Aさんが「昼，ご馳走をしてくりょうるん」で，「それを楽しみに描くんよ，3人」とBさんはいう．

　こうしてそれまであまり関わりがなかった五女と関わるようになったBさんは，ある時，五女から昔，「姉さん（Bさん）が先生になれ，いうてくれたから私は師範学校へ行った」という話を聞く．Bさん自身には「記憶はない」が，「それをいまだに（五女が）思ってくれとるゆうのが私は本当，嬉しいことじゃと思うんよ」と話す．「子どもの頃はようわからん（かった）妹（五女）のいいところがだんだんわかって（くるなど），今まで感づかなかったことを感じることがいっぱいある．そしてつながっていったように思う」．最近は，「精神的なものゆうのをきょうだいで喜びおうたり，励ましおうたりする」「楽しみがあ」り，「今はもうその方が多」く，「個人的につながっとん」とBさんはいう．

　続いてBさんと五女の関係が活性化していくプロセスをみていくと，退職して時間ができるという③「仕事の有無」要因に先行して，まずAさんとBさん，Aさんと五女それぞれの間の⑥「ライフイベント」要因，⑤「幼い頃の関わり度合い」要因，①「配偶者や婚家先の理解や状況」要因がある．それが，退職という③「仕事の有無」要因をきっかけに，互いに幼い頃から絵に関心をもっていたという④「興味・関心の一致」要因によって結びつけられていることがわかる．

　ここで注目すべきは，先に検討したAさんとBさん，Dさん，AさんとCさんの3つの事例と，Bさんと五女の事例との間にみられる⑥「ライフイベント」要因，⑤「幼い頃の関わり度合い」要因の作用の仕方における違いである．第一に，先の3つの事例では，2つの要因が関係当事者に直接作用していたのに対して，Bさんと五女の事例では，2人を媒介するようなきょうだいAさんを通じて間接的に作用している点である．そして第二に，先の3つの事例では，2つの要因が活性化の主たるきっかけ効果として作用していたのに対し，

Bさんと五女の事例では，関係が取り結ばれ始めた後の関係を，Bさんのいう「個人的なつながり」にまで進めていく促進効果として作用している点である．すなわち，同じ要因でもきっかけ効果をもったり促進効果をもったり，直接作用したり，間接的に作用したりするというように，諸要因がきょうだい関係にもつ効果やその作用の仕方が異なるのである．

第4節 ── 2つの中核的要因：幼少期の関係と危機的ライフイベント

　インタビューによって得られた15名，8組のデータセットの事例分析によって活性化に関わる諸要因が析出された．研究戦略上の観点からAさんきょうだいのデータセットを中心にして，諸要因の析出プロセスと具体的な作用の仕方を検討した．その過程で示唆された興味ある点の中で，ここでは特に(1)要因間の関連性，ならびに，(2) 2つの中核的活性化要因について考察を試みたい．

　知見を整理すると，例えばAさんとCさんの場合のように，配偶者の死という1つの要因をきっかけにしながらも，それが他の諸要因と絡み合うことで関係を活性化させる効果をもっていたり，通常，非活性効果をもちそうな場合でもそれ以外の要因と結びつくことでそうはならなかったりしている．あるいはBさんと五女の場合のように，当事者二者間に直接的な先行要因がなかったとしても，2人に共通する他のきょうだいとの間にある要因が媒介となって関係が活性化したり，Cさんのように，相手と他のきょうだいとの間にある要因が認知されることでさらにその相手との関係が深まる場合もある．

　このように，要因が別個・独立的にきょうだい関係の活性化に作用しているのではなく，要因間の相互作用，すなわち，加重累積的相互作用とでもいうべきものが存在していると考えられる．また，当事者二者間にある要因だけでなく，その相手と他のきょうだいとの間にある要因の認知や媒介的なきょうだいの存在も重要な意味をもつことがわかる．これは，きょうだい関係を二者関係としてのみならず三者以上のデータセットとして捉えた時，はじめて浮かび上

がってくる実態であろう．こうしたプロセスがあるからこそ，例えば葬儀や法事等，一般に高齢期において執り行われることの多い親族儀式が単発的にあっても，それが関係活性化のきっかけ効果として作用する場合とそうでない場合とがみられるのではないだろうか．さらにはBさんと五女の場合のように，他の事例ではきっかけ効果として直接作用していた要因が促進効果として関係が取り結ばれ始めた後に作用するなど，同じ要因でも作用の仕方が異なる場合もあるだろう．以上のようなプロセスこそが，先行研究（例えば，藤崎1998等）で「（再）活性化」といわれてきたプロセスの実態なのではなかろうか．

　高齢期におけるきょうだい関係の活性化には，本章で検討した諸要因の中でも，とりわけ「幼い頃の関わり度合い」要因や「ライフイベント」要因が重要な意味をもつことが示唆される．本章で具体的には提示しなかった他の事例でも同様である．例えば，配偶者のケガと仕事とで「自分が一番しんどい時」に手紙とお見舞いを送ってくれた兄との関係を，「普段，何もあれがなくても心配してくれてる」「やっぱりきょうだいって本当にいいなぁと思ってね」と，「ライフイベント」要因をあげながら話す60歳代の女性がいる．逆に2人の妹の死に関して，「亡くなったっていっても悲しいとかそういう実感」がない理由として，「あんまり関わりが薄すぎて．ワシ等，あんまり長ごぅ一緒におらんから」と，「幼い頃の関わりの薄さ」をあげる80歳代の男性がいる．また，実のきょうだいのいないDさんが奇しくも「同じ飯を食べ，同じ境遇で大きゅうなって，しかもなおかつその人間が一番大切な時に杖になり柱になって」支え合うのが「きょうだいに準じる」ものだと語っている．このことからも，「幼い頃の関わり度合い」要因や「ライフイベント」要因は，表6-1で示したきょうだい関係の活性化に関わる諸要因の中でもとりわけ関係を意味あるものにさせる作用をもち，「時間の奥行き」の醸成に深く関わる要因だと考えられる．高齢期における選択的でボランタリーなきょうだい関係を規定するものとして，この2つの要因が鍵になりそうである．

　ではなぜ，この2つの要因が重要なのだろうか．この点について考察するた

めに(1)先行研究に立ち戻ると同時に,(2)現代社会状況から逆照射してみたい.第2章で指摘したように,Allan は高齢期の人間関係がもつ特に重要な機能として「互いの経験を確認し,その個性の意義を認め合うことによって高齢になっても意味と連続性を提供してくれる」ことをあげる(Allan 1989=1993).この重要な機能を Plath は「連伝記(co-biography)」と呼んでおり(Plath 1985),それを果たすのがコンボイなのである.コンボイとは,ある人の人生のある段階を通じてその人と共に歩み,「自己の存在を証明してくれる第一次的な陪審員」であるという(青井 1985).

先に取り上げた四男 C さんも次女 A さんのことを「あの人(A さん)も苦労を一生懸命して」といえば,三女 B さんは五女のことを「かつては A 姉さんのところへ」相談に行くぐらいだった「時もあるけどなぁ,それを乗り越えて今になってる」という.A さんも C さんのことを「本当にあの子(C さん)も苦労したし辛い思いをしてきたんだろうけれども,年がいってやっぱしきょうだいじゃなぁ」と語る.このように,高齢期における活性型きょうだい関係は,ここで Plath のいうコンボイに限りなく近いものと思われる.

そしてそこでは「長期にわたる相互的な」関わり,すなわち「持続と累積の要素」が強調され,コンボイとの間で展開される自己確認や,コンボイに自己の存在,成長を認めさせるための説得プロセスは「確認(identification)」「正当化(justification)」「予測(projection)」という3つの作用からなる「成熟のレトリック(the rhetoric of maturity)」として分析される.2つの要因,すなわち「幼い頃の関わり」や「ライフイベント/危機的状況での理解・サポート」のあるきょうだいとの関わりは,ここで強調される持続性・累積性をもつ「時間の奥行き」のあるものになる.その中で,人々は「何十年と生きてきた自己,現在に生きている自己,そして不確かな未来に生き続けるであろう自己の意味を理解しようとすることによって,アイデンティティとアイデンティティの拡散の感覚の間でバランスをとろうと」(Erikson et al. 1986=1990)自己物語の再構築を進める.結果,Plath のいう「成熟」が得られるのである(Plath 1980=1985).

高齢化と私事化が進展する現代社会にあって，高齢者たちは自分の生や死，老いについて，自分なりの意味づけをすることが求められている（清水 1990）．そこで高齢者たちはなお一層，2つの要因，すなわち「幼い頃の関わり」があった人や「ライフイベント／危機的状況において理解し，サポート」してくれた他者との関わりを通じて，自身の人生の意味を再確認，再構築しているのではないだろうか．この2つの要因は，Bさんがいうように，「お互いいろいろあったけど，もう通り過ぎたこと」と自らの人生を受け止め，「きょうだいいうのは現在のきょうだいじゃけど，現在の前に過去の子どもの頃のきょうだいがあるわけ．それが今を一層幸せにしてくれるような気」にさせてくれる．このきょうだいとの関係が，現代の私事化状況のただ中にあって，自らの人生の最終確認という，いわば高齢期の発達課題を個人的にクリアしなければならない高齢者達自身のニーズを満たすものとして選択されているのではないだろうか．それは，「年月を経て，だんだんと自分の先が見えてきた時に，自分は何だったんだろうかと思う時に，ああ，やっぱり自分のルーツは親・きょうだい，そういうものなんだなぁって」と語る60歳代の女性の言葉にも表れている．従来，接触頻度などで測定されてきた単なる「行き来」の実態とはまた別の，現代の高齢者にとって欠かすことのできないきょうだい関係のより情緒的な機能がそこにある．こう考えるなら，コンボイとしてのきょうだいの存在は，高齢者にとってこれまで以上に重要な現代的意味をもつものといえよう．この点については，終章にて再度，包括的に論じることにしたい．

注

1）桜井（2002）は，語りの「身近な関係者」の一例としてきょうだいをあげているが，彼らは互いに相手の主観的経験の微妙なニュアンスまで感じ取ることができ，自己のリアリティの生成と維持，変更に積極的に貢献，あるいは拘束しているという．この観点からも，きょうだい間での相互作用のあり様を捉える際には，その双方の語りに目配りすることが重要であり，本研究ではそれを「きょうだいデータセットを対象に分析する」という形で実現しようと試みた．

第7章

「関係性の歴史」

第1節 —— 時間による関係醸成プロセス

　高齢期においては，友人や親族といったパーソナルな関係とともに幼少期から長期にわたってつきあい，同じ時代を生きてきた身近な人間であるきょうだいとの関係もクローズアップされてくるといわれる（Allan 1989＝1993, 安達 1999, Chappell 1983）．このプロセスを高齢期におけるきょうだい関係の活性化と位置づけ，前章にて高齢者たちが彼ら自身の各きょうだいと取り結んでいる個々の関係を対象に，性別，年齢差，地理的距離等を含めその活性化を左右する要因探索を行った．結果，数ある諸要因の中でもとりわけ「幼少期の関わり度合い」と「ライフイベント／危機的状況での理解・サポート」の2要因が「時間の奥行き」の醸成にかかわり，関係を意味あるものにするという点で重要かつ，中核的に作用していることを示した．しかしながら，高齢者たちがきょうだいとの幼少期の関わりや人生の各時点でのライフイベントを具体的な相互作用の場できょうだいとどのように振り返り，再構成しているのか，そのプロセスにおいてきょうだいがどのような役割を果たしているのかについてはこれまでほとんど明らかにされてこなかったといえよう．

　本章では，高齢期における自らの人生の振り返り・再構築にきょうだいがどのように関わっているのか，それが高齢期を生きる個人にとってどのような意味をもつものなのかについて，幼少期から高齢期に至る時間の流れに注目しつつ，事例分析を通じて明らかにする．具体的にはまず，幼少期から高齢期に至

るまでの出来事に対する意味づけと連続性の付与過程を分析する．次に，高齢期への移行後の関わりの中で，それ以前の出来事に付与された連続性がどのように伸長されていくのか，また，その有り様が高齢期を生きる個人にとってどのような意味をもつのかについて検討する．

第2節 ——「関係性の歴史」の共同制作者と合同インタビュー

　本章でも引き続き，筆者が2000年6月から2001年8月にかけて行ったきょうだいに関する事例調査で得られた質的データを用いる．第3章でもすでに議論したように，本研究で注目する「成熟のレトリック」は「コンボイ」達の間で行われる「確認」「正当化」「予測」の共同作業であるため，その人の「コンボイ」であるきょうだい達からの情報が非常に重要な意味をもつ．そこで，調査に際しては一個人だけにとどまらずその人のきょうだい達に対してもインタビューが行えるよう紹介を依頼し，各きょうだいに対しても個別インタビューを行った．さらに，本研究で注目する「関係性の歴史」は，それに関わり，文脈を共有する「コンボイ」がいる場で語られてこそ，その内容やプロセスをより生き生きとした形で捉えることが可能となろう．そのため，次に全対象者に対してきょうだい同士の合同インタビューを依頼し，それが実現した次女Aさんと三女Bさんの事例を本章では取り上げる．

　Aさんと3歳年下の妹で三女Bさんへの個別インタビュー時間はそれぞれ約2時間で，幼少期から現在に至るまでの各きょうだいとの関わりについて語ってもらいながら，主として関係性の変化に注目し，その変化をもたらしたライフイベントや要因についての質問を行った．個別インタビューの後，日を改めて2人合同のインタビューを約4時間にわたって行った．そこでは，互いがどのようにそれぞれの人生を振り返り，再構築に関わっているのかが，同じ場で共に自分たちきょうだいの「関係性の歴史」について語り合うという相互作用の中で追究された．具体的には，幼少期から現在に至るまでのそれぞれの

ライフコースについて語ってもらいながら，その中で互いが相手のライフイベントをどのように意味づけ，それを相手に語っているのか，あるいは受け止めているのかに注目し，2人を中心としたきょうだい達との「関係性の歴史」について明らかにすることを目的とした．

第3節 ── 個人のライフコースと「関係性の歴史」

1．その意味づけプロセス

Bさんは1924（大正13）年，X県に10人きょうだいの三女として生まれている（第6章図6-1参照）．Aさんは次女であり，Bさんより3歳年上の姉である．

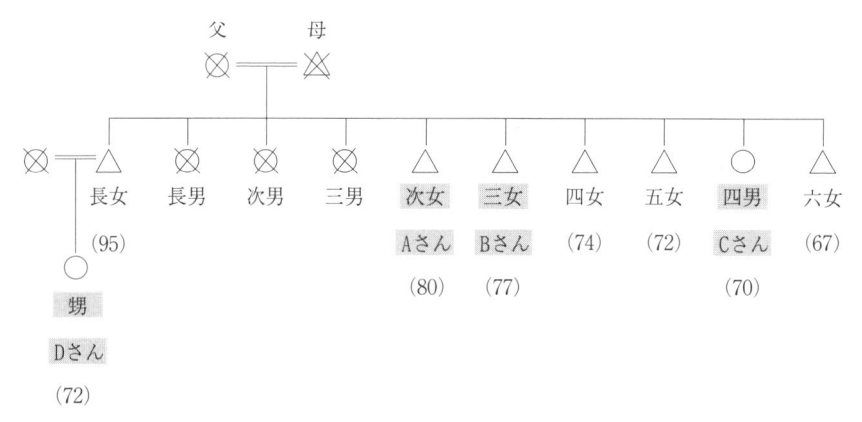

図6-1 きょうだい構成とインタビュー時点での年齢（再掲）

注：○：健在な男性，△：健在な女性，⊗：亡くなった男性，✗：亡くなった女性である．
　　網掛けは今回のデータセットのインフォーマントを示す．
　　また，（　）内の数字はインタビュー時点での年齢を表している．

2人の幼少期には，兄（長男）は戦争で外地に行っていた．そんな兄との関係を2人は次のように話す．

B：そりゃなぁ，戦争の話はよう兄がしてくりょうたんですよ．

A：三国志をみんなに勉強させてくれてな．きょうだい皆に本を読んでくれて，中国語で書かれた本を．

B：そう．で，その兄がねぇ，兵隊から帰って満州事変の話をこう，とくとくとしてなぁ．コタツを山になぞらえてなぁ．長いキセルでこう銃にしてなぁ．こう，戦争の話を教えてくれるん．

　小学校時代になると，Bさんは自分が将来，「学校の先生になるきっかけ」になった先生に出会う．「Bは頭がええから，学校の先生が（女学校へ）行かせてあげなさい」といわれて女学校へ進学したのだとAさんはいう．その先生との関わりについてのBさんの話を受けて，Bさんが県外でなく県内の学校へ進学したいきさつについてAさんが説明し，その時の気持ちをBさんも次のように語っている．

B：私もいい先生に恵まれたの．それもみな，私のいい先生をうちの家族がみな理解してくれたいうこともあるんな？

A：そうな．

B：小学校の時の先生，それから女学校の時の先生もそう．それから師範学校の時の先生もそう．私の人との出会いゆうたらまず小学校の時はH先生じゃな．小学校の4年生の時に担任をしてもらった先生でね．今はもう亡くなっているんですけれども，習字を書くようになったのもその先生に5年生の頃に（学校に）残って教えてもろうた，その頃からかな．そういうところから習字が好きになったんです．その先生が「小学校の先生になったらどうか」ゆうて言われて，私もほんなら学校の先生になろうかなぁと思ったん．学校の先生になるきっかけもそのH先生なん．私は先生が喜んでくださるから勉強して一生懸命上がろうとかいうこともあったんかもわからんな？

A：それはあったじゃろうな．

B：なぁ？通信簿，良いの見せたら喜んでくれるん．

A：小学校の先生までがな，この人（Bさん）が女学校へ行ったら女学校でもできるから県外の学校へやんなさいといわれて．先生がわざわざ家に来られてなぁ．ほしたら父親が「うちには大勢子どもがおるからこの子に1人教育つけるわけにはいかん」ゆうて．みんな同じようにしてやるいうのは父親の平等の愛じゃな．それが根底にあった．そういうて断って，金のいらん県内の学校へ行ったわけです．

B：ほんとなぁ，私は先生になるゆうたらその県外の学校へ行こうと思うとったん．じゃけど，あそこはお金がいるからゆうてから．ほんと残念じゃったんよ．でもそういう風ないい先生，いい学校に恵まれとったんじゃと思うんですよ．この人（Aさん）は家の手伝いをようするんよ．私はひとっつもせんけんなぁ．でも自分が足るだけ勉強した喜びゆうんか楽しさゆうのんは，今だにいろんなものをした時にそこまでいかなんだら自分で満足できん．そういうものを小さい頃から持ってると思うよ．この人（Aさん）はよう走るんじゃ．よその学校へなぁ，選手で行くん．そしたら優勝旗をさげて帰ってくるん．私はそういうことはいっこもようせんのん．

進学に関連してBさんが「2番目の兄が私の女学校の学費をしてくれたん？」とAさんに尋ね，Aさんが「そうそう」というと，「私はよう知らんのじゃけぇどなぁ．そうらしいんですよ」とBさんは語る．

　このような定位家族でのきょうだいとの関わりも各自が進学，就職，結婚し，生殖家族を形成するのに伴い，「退職するまではきょうだいとの付き合いというのはあまり」なくなる．特に自分より年下のきょうだいとは「小さい頃はあんまし一緒に暮らすゆうか」「私らは女学校を出たら師範学校からずっともう（実家から）出てしもうたからなぁ．この人（Aさん）も」とBさんがいえば「そうじゃなぁ，あそこ（実家）で一緒にいたのは小さいからなぁ」とAさんもいう．その中で父親が亡くなり，中国で事業をしていた兄（長男）が事業を

やめて帰って来る.「その頃からずっと兄(長男)がもう全部きょうだいを教育もし,嫁入りもさせてくれた」.その時の兄の様子を2人は次のように話す.

> B:兄(長男)がねぇ,「シナ(表現ママ)へ行く」ゆうてから行ったんですよ.それでなんぼか経った頃にふっと2階から見たらなぁ,どうも兄さんらしいのが向こうの方を帰ってきょうるんじゃ.こんな大きいトランクを持って帰ってきたん.開けとったのを見たら1番上に便箋が置いてあった.「母上様」だけ書いてあって何も書いてないんじゃ.そこまで書いて,やっぱり帰ってこないといけんと思ったんじゃろうなぁ.お父さんが死んでから帰ってきたん.

> A:で,その頃からずっと兄(長男)がもう全部きょうだいを教育もし,嫁入りもさせてくれたん.

翌年,Bさんが師範学校を卒業する頃,時代は戦争の激化に伴う男子不足で「みんな(男は)兵隊へ行っておらんのじゃから,女が日本の国を守らにゃいけん」[1),]「人間そのまま,教えたそのままをぶつけて県の教育をさせたい」という先生の意向でBさんは「その頃,皆の憧れだった附属」にそのまま残されることになる.その時のことをBさんは次のように話す.

> B:勤めている間も納得いく仕事をしようと思うし,また努力すればできるというのが信条.これもやっぱり私の育ちかもしれんゆうて思うんですよ.大勢で育ったきょうだいの支えゆうのか,そういうのがあると思うんですよ.退職するまではきょうだいとの付き合いというのはあんまりだけど.

そして戦後,それまで結婚しないといっていたBさんも私が結婚しなかったら「後がつかえ」て「妹らが困る」と思うようになって結婚する.一方,同年,戦時中に結婚して満州に行っていた姉のAさんが,夫と共に2人の子ど

もを連れて引揚げて帰って来る．当時，住まいのない引揚者 400 余人が小学校を占拠する事件が起こる（家庭総合研究会 1990）など，引揚者の生活は厳しさを極めていたが，A さんら家族もその例外ではなかった[2]．「生活が何もないし」，夫もあまり丈夫でなかったため，言うに言われぬ貧困の生活をすることになる．その時のことを 2 人は次のように語る．

    B：この人（A さん），苦しかったんじゃ．もう，なぁ？
    A：本当なぁ．
    B：そういう時にゃあなぁ，私ら少しでも姉さん（A さん）に助けをしてやろうと思うてなぁ．しようたこともあるがなぁ？
    A：もう，それは本当に言うに言われなんだなぁ．引揚げて帰ってからなぁ．もう，どういうんか，貧しさの連続．まぁ，主人もあんまり丈夫でなかったからなぁ．
    B：じゃけど，会うた時になぁ，姉さん（A さん）がなぁ，本当に貧しい，どん底じゃが，心身ともに．それを「これから良ぅなるばぁじゃ」ゆうて，これは本当，名言なんよ．前向きじゃったん．
    A：どうにかこうにか越しましたわ．

　以上から第一に，きょうだい間でのライフコースの交錯ともいうべき影響関係がみられる．B さんの進路選択においても，2 番目の兄からの学費援助によって，勉強のよくできた B さんの女学校への進学は可能となった．しかしその後，きょうだいが大勢いることとそれらを「同じように」という父親の考えが，B さんを県外ではなくお金のいらない県内の学校へと進学させていることがわかる．このようなきょうだい間でのライフコースの交錯ともいうべき影響関係は，それぞれのきょうだいが離家して関わりがあまりなくなる時期であってもみることができる．それが顕著にみられるのが，例えば父親の死というきょうだい皆にとっての危機的な出来事が起こった時である．この時，兄（長男）はまだ在学中で結婚もしていないきょうだい達のために自ら事業をやめて家に戻ると

いうライフコースの変更を行っている．あるいはまた，結婚という人生の節目となるライフイベントの時をみてもそうである．Ｂさんは自らが結婚しようと思った理由として自分が結婚しなかったら妹の結婚が遅れることをあげている．ここにも，結婚するか否か，あるいはいつするのかといったＢさん自身のライフコース上の選択に妹たちのライフコースの存在が影響している様子がみてとれる．

　第二に，きょうだいとの関わりを通しての社会状況の追体験である．幼いＢさんと姉Ａさんにとって，戦争の話や中国語で書かれた本を読み聞かせてもらうといった兄（長男）との関わりは，戦争という社会状況を追体験させるものであった．この体験は，Ａさんがその後，結婚して満州に行ったように，Ａさんらきょうだい達にとって当時盛んであった満州を中心とした「外地」への就職や移民，結婚をより身近なものにしていたと考えられる．加えて，ここでも危機的状況におけるきょうだい間でのライフコースの交錯ともいうべき影響関係がみられる．具体的には，引揚げ後，厳しい生活を強いられることになったＡさんを，Ｂさんを含めた他のきょうだいが助けるという影響関係である．ここから，先に指摘したような父親の死というきょうだい皆にとっての危機的な出来事のみならず，きょうだいの誰か１人に起こった危機的状況の影響が他のきょうだいにも波及する場合があるということがわかる．そして以上から，ライフコースの交錯のあったきょうだいとの出来事は，自らの人生を振り返り，意味づけるというプロセスの中で取り上げられやすいものだということもいえよう．

２．意味づけ・連続性の付与

　幼少期から高齢期に至るまでの出来事の中で，例えばＢさんの進学に対する２人の意味づけプロセスをみてみよう．当時，村で行く人の少なかった女学校へＢさんが進学する（確認）ということを，Ａさんは先生に行かせなさいといわれ，２番目の兄がＢさんの学費を出してくれたから行けたのだ（「正当化」）という．しかし，その後のＢさんにとって「残念だった」女学校時代の

進路選択は,「先生が家まで県外への進学を勧めに来た」ものの「父親の（大勢の子どもへの）平等の愛」の結果,起こったことなのだと説明（「正当化」）する.そして,師範学校へ進学したBさんは将来,教育に携わっていくのだろう（「予測」）と考えている.Bさんも自らの進学にまつわる一連の出来事への「確認」「正当化」「予測」について,姉Aさんとの間で合意に達した結果,「残念だった」進路選択をも含めて「恵まれとった」と意味づけるに至っているのである.

　Aさんの危機的状況についても,2人で「苦しかったんじゃ.もう,なぁ？」,「本当なぁ」と思い出す.そしてBさんは,心身ともに「どん底」だったAさんが「これから良ぅなるばぁじゃ」と前向きだったことを「名言だった」と説明している.このBさんの説明は,困難な状況にあっても前向きに生きてきたAさんを認めていることの表明なのではないだろうか.それを受けて,Aさんが自らの危機的状況を「どうにかこうにか越しましたわ」と思えるようになっているのだといえよう.

　また,このような意味づけプロセスにおいては,それぞれの出来事が前後の出来事と結びつけられることで,そこに連続性が付与されていることもわかる.例えば,Bさんが仕事でがんばることができた理由を「大勢で育ったきょうだいの支えゆうのか,そういうのがあると思う」と振り返っているのがその例である.すなわち,仕事に就く以前のきょうだいとの関わりが,精神的な支えという形でその後の職業活動に結びつけられた結果,離家後もBさんの中で連続性をもつものになっているのである.このような連続性の付与過程をよりよく示すのが,きょうだい皆の危機的な出来事の際に兄（長男）が自身のライフコースを変更してきょうだいを助けたことに対するBさんと姉Aさんの意味づけプロセスである.

　　A：そういう風にかかわりが持てるようなきょうだいに育てたのはやっぱり親.
　　B：親じゃなぁ.

A：まあ，どういうん，日常生活に飾りがなかったからなぁ．私らの母親も大勢の家族の輪を持った人じゃから．他人であろうが肉親であろうが，差別しない人．それが一番嫌じゃったんじゃないかなぁ．私がまだ勤みょうた時分に，小間物屋さんへ寄りょうたん．そこで自分1人の分を買えばええのに，この人（Bさん）とその次の妹（四女）の分まで帯揚げも帯〆も買ってしようた．店の人がいつも「あんた，そんなによいけどうするん？」ゆうて，「次々，妹がおるから」ゆうて．へぇやけん，私は自分1人が満足するんじゃなくて物を買う時でも必ず次の者，次の者に同じように買ってやりたい，そろえてやりたいゆう，そういう心はやはり親が同じようにしてくれた，その気持ちがずっと残ってるんじゃないかと思う．

B：それもなぁ，そういうようにしたらお母さんが喜ぶと思うてしとるんじゃと思うわぁ．それはそう思うよ．お母さんもこの人（Aさん）に頼っとったもんなぁ．親を思うから，そうしようたんだと思うよ．それがお母さんの喜びにもなる．それが，私らが（Aさんに）頼る元になっとるんだと思うよ．

すなわち，「そういう風に関わりが持てるようなきょうだいに育てたのはやっぱり親」だというAさんの意味づけに対し，「親じゃなぁ」とBさんも同意する．そして，Aさんが「自分1人が満足するんじゃなくて」きょうだいにも同じようにしてやりたいと思うのは，「親が同じようにしてくれた気持ちがずっと残ってる」からだと説明する．それに対してBさんは「親を思うからそうしたんだと思うよ．それが，私らが（姉のAさんに）頼る元になっとるんだと思う」という．このような2人のやり取りの中で，兄がきょうだいを助けてくれたことや姉Aさんの妹たちへの関わり方といった過去の出来事が，それ以前の親の子ども達に対する関わり方と結びつけられている．そしてさらに現在のきょうだい関係のあり方へと関連づけられることで，そこに連続性が付与されているのである．

以上から，2人の間の意味づけプロセスの特徴として，それぞれの出来事が

前後の出来事と結びつけられることで連続性をもったものとして意味づけられている点があげられる．そしてその連続性は，互いの人生における危機的・困難な状況を確認し，説明し合いながら，それを2人の間で認め合うという中から生み出されているといえる．では，幼少期から高齢期に至るまでの出来事に対する意味づけプロセスで付与されたこの連続性は，高齢期への移行後の関わりの中でどのように伸長されていくのだろうか．そして，その有り様は高齢期の現在を生きる個人にとってどのような意味をもつものなのだろうか．以上の点について，特に2人が言及している(1)家族・きょうだい関係と(2)友人関係・社会活動という観点から引き続き分析を行っていくことにしたい．

第4節 ── 高齢期への移行と「関係性の歴史」

「暇と共通する時間がなくて」関わりがあまりなかった成人期に比べ，自由に関われるようになったことをBさんが「今，世に出た感じじゃなぁ．そういう意味でなぁ？」というと姉のAさんも「そうじゃな」と応えるように，高齢期への移行に伴って再びきょうだいとも関わり始める．

1．家族・きょうだい関係の場合

退職後，Aさんと病気がちで家にいた夫とは「いつも向き合うて日を過ごしょうた」．そこへ「妹（五女）が来て主人を見て気の毒に思い『義兄さん，絵を描こうか』」といってくれたのだとAさんはいう．それを知ったBさんも「ほんなら私も習いに行こう」と姉Aさんの家に行って一緒に絵を描くようになる．「ほんで，私がご飯をして，皆でご飯を食べて本当に楽しい1日」を過ごし，絵の日が「もう，待ち遠しくって」とAさんはいう．

このようなきょうだいとの関わりの中で，「『ちょっと姉さん（Bさん）字を書いて』ゆうて来る．そういうことには役に立っとるかな？」と感じる妹（四女）との関係も，「あの子（四女）がそういう風に頼ってくるのはあんた（B

さん）しかいないわけじゃ」とAさんにいわれることで，Bさんは「そうじゃな．そういうこと妹（四女）が頼むゆうたら私しかいないかな」，「（幼い頃）妹や弟に，私，本当に何もしてやってないから，それらの役に立つこと」をしようと思うようになる．Bさんは，それが「ちょうど，中子の私の役目かなぁという感じをいつももち，「子どもの頃にしてやれなかった罪滅ぼしじゃ思うて」「そうしてつながりをもっていくのが私の今の立場」だと語る．しかし，このようなシブリングネットワーク（sibling network）の中心にはAさんがいることを，2人は次のように説明する．

B：上から下までのつながりのみんなにつながっているのはこの人（Aさん）じゃ．

A：そうじゃなぁ．何事かあったら私が指令を出すん（笑）．何があってもな，一応，決めるのはな．またこの人（Bさん）がいうんよ．「あんた1番上じゃからあんたが決めにゃあいけん」いうてから．そういう風に私をもたして，そそのかしてな．

B：その方がえかろう？（笑）上がおるんじゃけんなあ．それは甘んじにゃあいけんのよ（笑）．それが姉のつとめなん（笑）．

A：それがなぁ，やっぱしまとめられる．まぁ，みんなの気持ちがな，まとめやすい．

B：1人だけがしたんじゃいけんのよ．この人（Aさん）だけがなんぼこういうにしよう，ああいうようにしようと思ってもダメなんよ．する人とさせる人とがおらにゃあいけんの．

A：大勢じゃからな．母親がいなくなればなぁ，やっぱし上の者にな．頼りたくなるわけじゃな．男親よりは女きょうだいというのがあると思いますよ．

そして，BさんがAさんと五女との関係を「この人（Aさん）と五女とよう2人で決めて」お墓の掃除に行ってくれるというなど，互いが自分以外のきょうだいと取り結んでいる関係をも認めあうことで，幼い頃あまり関わりがなかったと語っていた妹たち（四女や五女）との関係も高齢期において連続性

をもつ2人の関係にそれぞれ結びつけられている．

　病気だったAさんの夫は，「死ぬるまで絵を描いた．晩年，何年と続けたなぁ？」とAさんがいうと「そうよ，続けたよ」とBさんが返す．Aさんは「そうやってくれたから主人も死ぬる前，自分の好きな絵を（病院の）部屋に飾ったりして，わりあいに苦しまずに」過ごすことができた．「もう本当に妹のお蔭」という．そして，「主人は何も残らん人」なのに亡くなった後でも「絵が残ってる」ので，「私も思ったわけ」とAさんは続ける．それは自分が亡くなった時にも同じように，自分が縫った服を着たBさんや孫が「これは姉さん（おばあちゃん）が縫うてくれた」と思ってくれるのではないかということである．

> B：縫い物，あたしら，もうこのスカートでも全部姉さん（Aさん）が．人がくれるん，私に．それもみんな必ずしも合うまぁ？ほんならここに持って行ったら体に合うようにしてくれるん．この人（Aさん）が縫うとるのを「ちょっと着てみりゃあ」ゆうて着てみてよかったら「あんた，これちょうだい」ゆうて貰ろうて帰るん．1回も着とらんのを貰ろうたりなぁ．「これ，あんたええがぁ，ちょっと着てごらん」ゆうていうから着てみてな．
>
> A：まぁ，貰うてくるのはなぁ，もうほとんど全部，ほどいてなぁ，縫いかえなきゃいけんような，形をとりかえて．それで私も思ったわけ．私，自分も亡くなった時にBが袖を通す時にああ，これは姉さんが縫うてくれた（笑），孫が袖を通したらそう思うてくれる（笑）．

　また，Bさんは「うちの孫がなぁ『おばあちゃん（Bさん）は子どもの頃にAばあちゃん（Aさん）に可愛がってもろうとるから今，何かご恩返しをしようと思ってするけぇども，いつもそれ以上にしてもらってる』ゆうてから作文に書いたことがあ」ると話す．そして，「本当にそういうつながりいうのを孫が一番良ぅ見ょうるわけよ」と語る．するとAさんも，自分の「子どもは2人，男の子と女の子じゃけど，わりあい仲良し」．それも自分がきょうだ

いと仲良くしているのを見て，子どもたちもそういう風にした方がいいと思ったん「でしょうなぁ」という．このようなつながりは，「姉さん（Ａさん）が遊びに行くのを隠れ隠れついて」行ったり，「そういうのがあるから今もある」のであって，「今だけじゃ，いくら親密じゃからゆうてそれはまた違う」のだとＢさんはいう．

そんなきょうだい関係について2人は次のように話す．

　　A：まぁ，年がいってやっぱしきょうだいじゃなぁ，身内のな，ありがたさ．
　　B：それはきょうだいより他はないな．困った時はなぁ，きょうだいより他にはない．親は早ように別れるがぁ．
　　A：結婚すれば親のところへおらんからなぁ．おっても30年もおればいい方でしょう．きょうだいいうものは70年，80年にも…私は80ですから，80年来の付き合いじゃけん（笑）．ええ．私が80じゃけんなぁ，この人（Ｂさん）が76かなぁ？
　　B：77じゃが．
　　A：そうそう．へぇじゃから，やっぱりきょうだいいうものが1番長い付き合いじゃけん．

2．友人関係・社会活動の場合

退職後，Ｂさんは奉仕団体に入って福祉活動に携わったり，地域の公民館で習字を教えたりする．また，10年前からは友人がしている老人ホームで昔の話をしたり，歌を歌ったり，習字を教えたりしている．Ｂさんが老人ホームに関わり始めた80年代後半から90年代初めにかけては，特別養護老人ホームの入所が倍増したり，厚生省（現 厚生労働省）が「高齢者保健福祉推進十か年戦略（ゴールドプラン）」を策定したり（河畠 2001）と，社会の関心が高齢者福祉に向け始められた時代である．Ｘ県においても，1970年代に策定された総合福祉計画に基づき，具体的な福祉計画がスタートしていた（＊＊＊ 1986）[3]．

老人ホームでの活動はBさんにとって「今までの教育に関わってきたという経験と自分の人生とを全部, 一点集中してそのお年寄りとの出会いを保って」いるのであり,「今, それがライフワークにもなっている」. Bさんが,「私はボランティアという言葉でまとめたくないけど」「それが心の楽しさ」だと話すと, Aさんは「この人（Bさん）じゃからできるん」だという. その老人ホームでの関わりには「私ひとりでなくってその背景に」「きょうだいとのつながりゆうものが」皆あることを, Bさんは次のように説明する.

B：兄（長男）がねぇ, 兵隊から帰って戦争の話を教えてくれるん. それをねぇ, 今, 老人ホームで昔の話をしながら戦争の歌やこうを歌ったら泣きながら歌うんよ. それがいつも兄のことを思い出しながら私, 話ができるん. それでそのお年寄りの人が私を喜んでくれるん. で, その頃の家族が兵隊に行ったりしてる（のを）, 私らみんなわかるからなぁ. そういうなのが今の老人ホームへ入っている人の, 皆, 経験してることなん. 若い人にはそれができんのん. だから, 理事長さんが私に「Bさんでなかったらできんのじゃ」いわれるから, 私も安気になるがぁ.

　それでなぁ, この人（Aさん）が娘の時になぁ,「めんないちどり」じゃいう「愛染かつら」やこうの映画をみた話やこうをしてくりょうたんじゃ. ほんならいっつもそのことをなぁ, 思い出しながらその歌を歌うん. それから「人生の並木道」じゃったら兄さん（長男）のことを, 姉さん（Aさん）のことを思い出しながら歌うん. ほんでひとりでに涙が出るん. そしたら歌ようる人も涙を出しながら. そういうようなん. 私ひとりでなくってその背景に皆あるんよ. きょうだいとのつながりゆうものがお年寄りの話の中に出てくるん. でも, 戦争中の他の人の話は頭に入らんのん. 兄から聞いた満州事変とか北支事変（表現ママ）の話とか, 姉さん（Aさん）が私よりもちょっと上じゃけんな, 歌を歌ようた. それが頭の中に, 私の中にあるん. 他の人のはないん. それで今はつながりを持っているわけ. 何十年経ってもなぁ,

そうやって教えてもろうたゆうんか，きょうだいがしようることを見たこと
　　ゆうのは忘れん．つながってるん．それがうちのきょうだいなんよ．確かに
　　年は離れてるけどなぁ．

「何十年経っても」「そうやって教えてもろうた」ことや「きょうだいがしようることを見たゆうのは忘れん．つながってるん」だとBさんはいう．老人ホームをしている友人との関係とそこでの活動についてBさんは，「仕事もいっぱいあるから，自分でできることをしてあげれば向こうはそれで助かるし，私も安らぐ」．そのような自分の友人関係や活動を，姉Aさんがわかってくれているといい，2人は次のように話す．

　　B：友達でもなぁ，仕事もいっぱいあるから，自分でできることでしてあげれば
　　　向こうはそれで助かるん．で，私も安らぐ．そういう喜びゆうのをこの人（B
　　　さん）がわかってくれとるん．「あんた，あのお蔭なんよ」ゆうて．頼んで
　　　もらえるゆうのも幸せじゃし，役に立てばそれもまた自分の喜びじゃがぁ．
　　A：そうじゃなぁ．それだけ信用し，お互いにわかり合ってる．

Bさんは，友達も「この姉さん（Aさん）を好いてくれ」ており，そういう友達との付き合いは「きょうだいのつながりの延長」だともいう．そして次のように続ける．

　　B：それが長い間に積み重なったきょうだいとの関係は必ずしもきょうだい
　　　でのぅても築き得ると私は思う．だけどその元が無かったら，この人（Aさん）
　　　らでも退職してからいろいろな人とそう数は多くないけれどもずっと付き合
　　　ようられるんよ．同じように仕事しとった人なんが．あんなに長く心安らか
　　　に続くとは思わんけれども，この人（Aさん）の周辺にもそれがあるん．私
　　　の周辺にもそういう人がいてくださるん．それが本当の幸せじゃないかなぁ．

このように,「長い間に積み重なったきょうだいとの関係は必ずしもきょうだいでのゝても築き得ると」思うが,「その元（であるきょうだいとの関係）が無かったら」ダメなのだとBさんは説明する．自分たちそれぞれの友人関係についても,「この人（Aさん）でも退職してからいろいろな人と」「ずっと付き合よう．私の周辺にもそういう人がいてくださるん．それが本当の幸せじゃないかなぁ」と話す．

第5節 ── 高齢者にとっての「関係性の歴史」とその意味

　高齢者たちがきょうだいとの相互作用の中で，具体的にどのようなプロセスで自らの人生を振り返り，再構成しているのかについて次女Aさんと三女Bさんとの合同インタビューから得られたデータを中心に検討してきた．結果，2人の間の意味づけプロセスの特徴として，ある出来事が前後の出来事と結びつけられることで連続性をもつものとして意味づけられている点があげられる．そしてその連続性は，互いの人生における危機的あるいは困難な状況を確認し，説明しあいながら，それを2人の間で認め合うという中から生み出されているといえる．そこでここでは特に，(1) 高齢期の意味づけのプロセスにおける連続性の付与と，(2) それが家族・友人・社会活動に及ぼす影響について，Plathが「成熟のレトリック」論で強調している「時間の奥行き」との関連で考察していくことにしたい．

1．高齢期の意味づけプロセスにおける連続性の付与

　Plathは「時間の奥行き」を説明するのに,「持続と累積の要素」を強調している．AさんとBさんの間で行われていた意味づけのプロセスから，この「持続と累積」のされ方には2つの方向性があるように思われる．1つは，過去からの積み重ねが現在を作っているというような，いわゆる過去，現在，未来という時間の流れに沿った方向として捉えられているものである．例えば，高齢

期においてBさんが，姉Aさんとのつながりを幼い頃に「姉さん（Aさん）が遊びに行くのを隠れ隠れついて」行ったり，「そういうのがあるから今もある」と説明しているのがそれである．

もう1つは，時間の流れに沿った一方向的なつながりではなく，いわば現在から過去を作る（意味づける）という逆の方向である．これは例えば，過去のBさんにとって「残念だった」進路選択での出来事が，高齢期の現在，姉Aさんとのやり取りの中で「恵まれとった」と意味づけられるに至っているところにみられるものである．このプロセスにおいては，社会的な出来事，とりわけそれが個人の人生にとって危機的なものであるほど，それを共有する2人の関係に連続性が生み出されている．Erikson（1986＝1990）もいう．高齢期において，「過去と融和するというこの過程こそが，緊張と課題に出会いつつ生きていく生き方の真髄なのである」（Erikson 1986＝1990：110）と．

きょうだい関係がもつ「時間の奥行き」は，先行研究でAllanのいう「社会的アイデンティティを強化し自己イメージの形を整えるため」（Allan 1989＝1993：131）に重要な意味をもつだけではない．そこには個人の時間だけでなく，コンボイたちそれぞれの時間も投影されるような複雑な時間の重層構造がみられる．例えばBさんが「幼い頃，妹や弟に何もしてやってない」と過去のきょうだいとの関わりを振り返りながら，これからは「彼らの役に立つようなことをしよう」と未来のことを考えているように，「時間の奥行き」には過去に現在が入り込む（意味づけ）と同時に現在に未来が入り込んで（投射）錯綜するという側面もある．その中で，幼い頃にはあまり関わりのなかった妹たちとの関係も，高齢期において連続性をもつAさんとの関係とともに取り結ばれるようになるのである．

またAさんとBさんは，その次の世代（子や孫）が自分たちの関係を認め，自分たちと同じように関わる様子をみることで，自分たちのきょうだい関係が子や孫へと引き継がれていくような連続性をもったものであることを実感している．あるいは，高齢期になって配偶者の死に直面し，自らの死についても考

えるようになったAさんは，死んだ後には何も残らないはずの夫に妹のお蔭で絵が残っていたことと関連づけて，自分がこれまで作ってやった衣服を妹や子，孫が身に着けた時に自分のことを思い出してくれるだろうと考えている．そう考えることで，Aさんにとって過去から現在に至る連続性が自らの死後にまで及んでいることがわかる．子や孫が認めてくれることによって，個人の時間やきょうだいとの「関係性の歴史」は，個人の時間を超えてその死後に至る連続性をもつものになっているとも考えられる．Eriksonは，子や「孫たちが自分の死後に生きていくだろう無限の未来で与えてくれる」肯定は「現在の時点で受けとる肯定」よりも「永久的」だという（Erikson 1986＝1990：101）．ここから，高齢期において死後にまでわたるような連続性の感覚を得るために引き合いに出されているのが，次世代の子や孫なのだと捉えることも可能であろう．

2．付与された連続性が家族・友人・社会活動に及ぼす影響

「時間の奥行き」は，高齢期における家族，友人をはじめとするパーソナルな諸関係や社会活動にも影響を及ぼすことが示唆される．高齢期になってから行うようになった社会活動について，「兄（長男）から聞いた戦争の話」や「いい先生と出会い，今までの教育に関わってきたという経験」，「今はそれでつながりを持っている」，「私ひとりでなくってその背景にきょうだいとのつながり」があるとBさんは語る．ここで引き合いに出されている兄（長男）とのつながり，Bさんの進路選択，学校の先生との出会いや職業経験は，いずれも高齢期以前の「関係性の歴史」として姉Aさんとの間で確認されていたことである点に注目すべきだろう．すなわち，高齢期の現在行っている社会活動に，姉Aさんとの間で過去の定位家族での関係として確認された事柄が結びつけられることによって，そこでも幼少期から現在に至るまでの連続性の実感が可能となっているのである．

あるいは，Bさんは師範学校の恩師のことを「今，私がこうなっているのも先生のお蔭」であり，「私の今までの家族，きょうだいとかいうものの上にそ

れがあるん」だともいう．この累積性は，「『先生が亡くなったんよ』ゆうていったら『あんた1人で行ける？ついて行ってあげようか？』」と姉Aさんがいってくれるなど，「私の先生だけどこの人（Aさん）もちゃんと」「理解してくれ」ていることで実感可能となる．すなわち，Bさんにとって家族やきょうだい以外の人々との関わりや活動が，姉という1人の「コンボイ」であるAさんとの間で確認，理解されることで，それらが「今までの家族，きょうだい」を基盤に形成されているという実感を生むということなのである．

またBさんは，高齢期において「互いの良さを認め合う」ことは，きょうだいだけに限らず「長い間にお互いに心が通いおうていけばできる」のではないかともいう．しかし，それは「やっぱりきょうだいのつながりの延長だ」とも語っている．現在のBさんにとっては，いわゆる他人であっても「きょうだいになれる」可能性はある．だが，その際にも例えばBさんの友人を姉Aさんも「好いてくれ」，「理解」していたように，きょうだいとの「成熟のレトリック」のあり様が重要になるというのである．それは，きょうだいとの「成熟のレトリック」によってその関係に連続性や累積性が付与されるからだとも考えられる．そして，そういうつながりをお互いがもてることをBさんが「幸せだ」と感じていることにも注目すべきである．

以上のような意味づけや連続性の付与プロセスが，先行研究（高橋・和田 2001，河畠 2001 等）において人生の振り返り，再構築といわれてきたことの実態なのだといえよう．この点について第6章での考察内容とともに次の終章にて再度，包括的に論じることにしたい．

注
1）X県では男手が兵隊にとられたため起こった労働力不足により，すでに1937年の日中戦争から学生の勤労奉仕がはじまっており（＊＊＊ 1986）[4]，その後の戦争激化に伴いこのような意識が強くもたれていたと推察できる．
2）X県でも特にAさん，Bさんがいた地域では，1945年に2度にわたる大洪水，翌1946年には大地震で大きな被害が出ており（＊＊＊ 1986），そこに引揚げて

きたAさん等の生活は他の地域への引揚者と比べても厳しいものであったと推察される．
3）本研究では，対象者のプライバシーに配慮して県名をX県としているが，文献『X県の百年』の著者名を明示することでその県が特定されるので，著者名を＊＊＊と表記している．
4）同上

終章

老いと成熟をめぐる新たな視点

第1節 ──「関係性の歴史」が明らかにしたもの

　本研究の課題は，長寿高齢化という現代の社会変動によってもたらされたモデルなき高齢期における社会化の具体的様相を，きょうだい関係との関わりで追究することであった．高齢期の社会化とは，高齢期の現在も含めた自らの人生の再考，意味づけプロセスであり，そのプロセスを経て高齢者自身が自らの人生を評価した結果が主観的幸福感であると位置づけて分析，考察を行ってきた．そこには，高齢期における人生の再考，意味づけに関わる他者，すなわち高齢期における社会化のエージェントとしてのきょうだいという従来の研究では焦点の当てられてこなかったきょうだい関係の持つ新たな機能が浮かび上がってくる．

　第1章「『静態的』研究から『動態的』研究へ」では，従来のきょうだい研究が心理学を中心に展開されており，分析対象や方法について次の3つの限界，すなわち，第一にきょうだい同士の関係に十分な焦点が当てられていないこと，第二に関係が存在するコンテクストが考慮されていないこと，第三に固定的な所与条件下での不変性が前提とされていること，をもつことを指摘した．これら「静態的」きょうだい研究のもつ限界を克服しようとする時，高齢期におけるきょうだい関係の追究を目的とする本研究においては「高齢期」というライフコース上のコンテクストがもつ意味を無視するわけにはいかない．

　そこで**第2章「ライフコースアプローチとネットワークアプローチ」**では，

高齢期をそれまで保持してきた関係の再編期であると位置づけた．この再編プロセスの中で，高齢期以前に形成された関係が内容的に修正を加えられながら持続していたり，潜在化していた関係が再活性化したりする．再編プロセスがこのような特質をもつ背景には，それまで生きてきた人生の意味や連続性の付与，人生の残り時間や過去の時代感覚の共有という高齢期における人間関係の果たす機能があり，その機能をきょうだいも果たし得ることが示唆された．本研究では，これが高齢期の社会化にきょうだいが果たす機能であるとの仮説のもとに，高齢期の社会化のエージェントとしてのきょうだい関係の有り様はライフコースの過程でさまざまな変遷をたどってきた結果として捉えられるべきであり，高齢期に至るまでに高齢者たちがきょうだいとの間で取り結んできた「関係性の歴史」からのアプローチが必要であることを主張した．そして，ライフコースアプローチとネットワークアプローチを統合した「コンボイネットワークモデル」（第2章 図2-2）を構築し，きょうだい研究に導入した．これは，高齢期における社会化のエージェントとしてのきょうだいを Plath が「個人の人生を推進し規定するような他者」とした「コンボイ」と捉え，この概念がもつ「持続と累積」「ネットワーク」という2つの視点に着目するものである．「コンボイ」との間で行われる「確認」「正当化」「予測」は「成熟のレトリック」活動と呼ばれる．これら一連のプロセスを繰り返し，互いの人生の意味づけと連続性の付与を行う過程が，本研究で注目するきょうだいとの「関係性の歴史」なのである．

　続いて，この「関係性の歴史」からのアプローチによって得られた実証研究での知見を整理しつつ，より包括的な議論へと展開させたい．

1．高齢期きょうだい関係の実態と「関係性の歴史」の重要性

　第3章「研究の概要と対象者のスケッチ」では，具体的な実証分析に先立ち，主として第2章で提示した「コンボイネットワークモデル」をどのように操作化して実証研究に用いるのかについて，質問紙調査，事例調査の概要とあわせ

て議論した．事例調査では，個人と各きょうだい達のあいだで取り結ばれている個々の二者関係を「リンケージ」とし，それらをひとまとまりのStarとして捉えて分析する．一方，質問紙調査では，高齢期における社会化のエージェントとしてのきょうだいとの関わりを追究するという本研究の目的から，本調査では平均5人いることが明らかになったきょうだいのうち，「『現在の』あなたにとって最も大切な存在だと思うきょうだい」1人についてより詳細な回答を求めることとした．結果，そのようなきょうだいとして，男女，年下，年上に関係なくほぼ同じ割合で選択されていること，年齢差については，年の近いきょうだい（2～3歳差）と年の離れたきょうだい（10歳差以上）がほぼ同じ割合であるということが明らかになった．これらの知見から，本研究で焦点を当てる高齢期における社会化のエージェントとしてのきょうだいは，必ずしも性別や出生順位，年齢差だけで決定されるものではないことがわかり，「静態的」きょうだい研究が用いてきた方法では捉えきれないきょうだい関係側面であることが確認された．

　第4章「高齢者のきょうだい関係の実態」では，質問紙調査で得られたデータをもとに，高齢者たちが取り結んでいるきょうだい関係を規定する要因を明らかにすることを目的とした．我が国の高齢期きょうだい関係に関する数少ない調査では，きょうだい関係を「接触」という1側面からしか捉えていない．しかし，単純集計結果から，きょうだい同士が直接会う（「直接接触」）のは盆と正月というように親族行事などのいわば規範化された場面であるのに対し，きょうだい同士の電話や手紙のやりとりといった「間接接触」ではそのような場面以外の個々人によって選択された場面での接触をも捉えているとみられる．ここに，両接触の違いが浮かび上がってきた．また，回帰分析の結果から，「間接接触」と「情緒的サポートニーズ」には「関係意識」が作用している点で，「直接接触」とは異なることも明らかになった．「間接接触」については，事例調査でのインフォーマントの「子どもの頃はようわからん（かった）妹のいいところがだんだんわかって（くるなど），今まで感づかなかったことを感じる

ことがいっぱいある．そしてつながっていったように思う」(第6章)との語りにも現れているように，高齢期における意識の変化によって，きょうだいとの間接的接触が促進されることを示唆する結果だと解釈した(第4章)．加えて，「情緒的サポートニーズ」については「関係意識」が最も強い規定要因となっており，これらの知見は高齢期きょうだい関係の「間接接触」や「情緒的サポートニーズ」という側面がもつ特質を浮き彫りにするものである．その特質とは，高齢期に至るまでの「関係性の歴史」により強く規定されるということである．

第5章「高齢者の主観的幸福感ときょうだい関係」では，人生の再考，意味づけプロセスを高齢者自身が評価した結果を示すものと位置づけた「主観的幸福感」ときょうだい関係との関連を分析した．「主観的幸福感」は「老化の受け止め方」「精神的な安定性」「孤独感と満足感」という3つの次元から捉え，きょうだい関係についても第4章での「直接接触」「間接接触」「情緒的サポートニーズ」で規定要因が異なるという分析結果を受け，3つの側面を区別してその関連を追究した．結果，「直接接触」は主観的幸福感のどの次元に対しても有意な規定力をもたない一方で，「間接接触」では「老化の受け止め方」と「精神的な安定性」に対して有意な規定要因となっていたことが明らかにされた．第4章で明らかにされた両接触の違いとここでの知見から，主観的幸福感の3側面のうち，「老化の受け止め方」と「精神的な安定性」を左右するのは，きょうだいとの規範化された場面での接触というよりも，個々人によって選択された場面での接触であることが考察された．

2．「関係性の歴史」の様相

第6章「高齢期におけるきょうだい関係の活性化」では，高齢期における関係活性化を左右する要因ときょうだいとの関係を通して高齢者たちが互いに満たしているニーズについて分析することを目的とした．分析の結果，要因が別個・独立的にきょうだい関係の活性化に作用しているのではなく要因間での加重・累積的な相互作用がみられることが明らかにされた．加えて，高齢期にお

けるきょうだい関係を活性化させる中核的要因として「幼い頃の関わり度合い」と「ライフイベント／危機的状況での理解・サポート」の2つの要因が示唆された．

　第7章「『**関係性の歴史**』」では，高齢期における自らの人生の振り返り・再構成にきょうだいがどのように関わっているのか，それが高齢期を生きる個人にとってどのような意味をもつものなのかについて，幼少期から高齢期に至る時間の流れのなかで追究することを目的とした．その結果，第6章で示唆された2つの中核的要因は，「関係性の歴史」の具体的様相の中で，互いのライフコースを交錯させたり，連続性を生み出したりしていること，あるいは，それが社会状況の追体験となって後のライフコースに影響を及ぼしていることが明らかになった．

　特に連続性の生み出されるプロセスに注目すれば，それは互いの人生における危機的・困難な状況をきょうだいで確認し，説明しあいながら互いに認め合うというきょうだいとの「成熟のレトリック」活動の中から生み出されていることがわかる．時に，この「成熟のレトリック」活動には子や孫といった次の世代が動員されることさえある．そうすることで，高齢者たち個人の時間やきょうだいとの「関係性の歴史」は死後にまで及ぶ連続性を得るのである．

　また，きょうだいとの「関係性の歴史」の「持続と累積」のされ方には2つの方向性があることも明らかにされた．具体的には，(1)過去からの積み重ねが現在を作っているというような，いわゆる過去，現在，未来という時間の流れに沿った方向と，(2)過去から現在を作る（意味づける）という時間の流れとは逆の方向である．特に(2)のプロセスでは，社会的な出来事，とりわけそれが個人の人生にとって危機的なものであるほど，それを共有する2人の関係に連続性が生み出されている．

　だがそれは二者関係にとどまるわけでなく，きょうだい達それぞれの時間をも投影されるような複雑な時間の重層構造がみられ，幼い頃にはあまり関わりのなかったきょうだいとの関係も取り結ばれるようになっていた．加えて，当

事者二者間にある要因だけでなくその相手と他のきょうだいとの間にある要因の認知や媒介的なきょうだいの存在も重要な意味をもつことが明らかになった（第6章）．特にこの知見は，本研究のようにきょうだい達の関係を二者関係としてだけでなく，二者関係のまとまりであるStarとして捉え，きょうだいデータセットを用いて分析することによって初めて浮かび上がってきた実態として注目すべきものである．

3.「関係性の歴史」と高齢期の人間関係：きょうだい・配偶者・子ども・友人

高齢期のきょうだい関係が扱われている数少ない研究領域の1つに，高齢期のソーシャルサポートに関する研究がある．そこでは，高齢期におけるさまざまな関係性（配偶者，子ども，友人，親戚，きょうだい等）を比較検討することに関心が寄せられてきた．その背後仮説の1つに「ハイラーキー代償（the hierarchical-compensatory）仮説」（Cantor 1979）がある．先行研究では，子どものいない人ほど（Connidis & Campbell 1995等），未亡人や独身者などのように配偶者がいない人ほど（OBryant 1988等），きょうだいとの接触頻度が増加するというこの代償仮説を支持するようにみえる知見が出されている（第4章）．だが，果たしてそれは全てのきょうだい関係側面，あるいは人間関係との関連においてそれほど単純に成立するものなのだろうか．

確かに，本研究でも配偶者や友人関係ときょうだい関係との関連では一部，代償仮説が支持される結果が得られた．しかし，あくまでこの結果はそれらの関係どうしの関連にみられる一側面でしかない．具体的に提示すると，きょうだいと配偶者は，「直接・間接接触」に関しては確かに代替関係にあるが，「情緒的サポートニーズ」では代替関係にない．きょうだいと友人では，逆に「情緒的サポートニーズ」に関しては代償仮説を支持する結果が得られているが，「直接・間接接触」ではむしろ2つの関係性は相互促進的である．この点については，事例調査でも高齢期における自らの友人との付き合いをきょうだいも理解してくれており「きょうだいのつながりの延長」であると2つの関係を直

接結びつけて語る高齢者がいた（第7章）．このことからも，「接触」という側面では高齢者にとって2つの関係が相互促進的に作用しながら並存しているのだと解釈可能だろう．きょうだいと同居子にいたっては，きょうだい関係の3側面全てにおいて相互排他的でもなければ相互補完的でもなく，代償仮説は支持されなかったのである（第4章）．

　では，きょうだい，配偶者，子ども，友人の中で高齢者の主観的幸福感に効果をもつのはどの関係性なのだろうか．これは，先行研究でも「家族（子どもや配偶者）なのか，親族なのか，友人なのか」という形でとりわけ関心が寄せられてきた点ではある．しかし，そもそも先行研究では「きょうだい」が独立した形では検討されてこなかったことに留意しておく必要がある．本研究での分析結果から，同居子や配偶者については幸福感のどの側面に対しても有意な規定力をもっておらず，先行研究での知見と一致するものであった．だが，きょうだいと友人については，主観的幸福感の次元によって果たす役割が異なることが明らかになった．具体的に示せば，「老化の受け止め方」の次元にはきょうだいとの関係が，「精神的な安定性」と「孤独感と満足感」の次元にはきょうだいと友人との関係が，それぞれ有意な規定力をもつのである（第5章）．この知見は，高齢者にとってのきょうだいとの関係を「親族」の中に含めた形で分析してきた従来の研究ではみえてこなかったものである．親族としてではなくその中のきょうだいに焦点を当てた本研究での分析だからこそ顕在化させることのできた主観的幸福感をめぐる高齢期の人間関係にみられる新たな様相である．それだけではない．同時にそこには，高齢者の主観的幸福感の3つの次元，すなわち「老化の受け止め方」や「精神的な安定性」，「孤独感と満足感」に関わるきょうだい，という本研究で注目する高齢期における社会化のエージェントとしてのきょうだいの姿も浮かび上がってきたのである．

　また別の先行研究（Cicirelli 1989）では，きょうだいの中でも特に女きょうだいに対する親密さの認知とWell-beingとの関連を指摘し，それは男女共にみられると主張するものもある．確かに本研究で得られた知見でも，「精神的な

安定性」は男女共に女きょうだいである場合に高くなっている．だが，「老化の受け止め方」は女きょうだいというよりもむしろ男女ともに同性同士である場合の方が異性同士の場合よりも受け止め方が良い，というより詳細な実態が明らかになった．ここで新たに明らかになり，先行研究では十分追究されてこなかった知見も，「関係性の歴史」から捉えなおすと次のように解釈できる．それは，「老化の受け止め方」が主観的幸福感の3つの次元の中でも人生確認にかかわる部分が大きい．特に今の高齢者たちの世代では同性同士の方が異性同士に比べて共有する人生上の出来事が多いとも考えられる．そのため，異性同士の場合に比べて同性同士のきょうだいである場合の方が互いの人生確認機能をよりよく果たすのかもしれないということである（第5章）．

4．高齢期の社会活動への展開

きょうだい間で展開された意味づけプロセスの特徴の1つに，ライフコース上の個々の出来事がその前後の出来事と結びつけられることで連続性が生み出されていることがあった（第7章）．では，このプロセスの中で，現在「豊かな老後」実現の一方策として政府によって推し進められている高齢期における社会活動への参加はどのように位置づけられるのか．

地域活動ときょうだい関係について高齢期という一時点でみた場合，「老化の受け止め方」に対して，「現在行っている社会活動の有無」ときょうだいとの「間接接触」がほぼ同じ強さの規定要因として作用している（第5章）．さらにこの点については事例調査でも，高齢者の中にはきょうだいとの関係を基盤にしながら奉仕団体に入って福祉活動に携わったり，地域の公民館や老人ホームで活動したりと，社会活動へ参加する人もいることが明らかにされている．そして，そのことを通じて幼少期から高齢期の現在に至る自らの人生の連続性を実感しているのである．家族やきょうだい以外の人々との関わりや活動が，きょうだいとの間で確認，理解されることで，それらが今までの家族，きょうだいを基盤に形成されているという累積性の実感も生むのである（第7章）．

これらの知見から，幼少期から高齢期に至るような長期にわたる関係をもちうるきょうだいの存在は，今日「豊かな老後」の実現を目指して進められている高齢者の生きがい対策にとっても重要な意味をもつものと思われる．

第2節 ── サクセスフルエイジング論再考

　本研究では，長寿高齢化という現代の社会変動によってもたらされたモデルなき高齢期における社会化の具体的様相を，きょうだい関係との関わりで追究することを課題としてきた．この点について，「関係性の歴史」からのアプローチが顕在化させた本研究での知見は何を示しているのだろうか．

　高齢者研究ではこれまで老いへの適応を研究対象とし，生きいきとした老化の途（optimum aging）を探ることを目的として，「幸福感（well-being）」等についての研究が積み重ねられてきた．なかでも特に有名な理論に「活動理論（activity theory）」と「離脱理論（disengagement theory）」がある．ごく単純化すれば，活動理論とは，「老年期においても中年期と同様の活動性を維持している人を老化への適応に成功した人とみなすという理論であり，離脱理論とは，社会から離脱している人を老化への適応に成功している人とみなすという理論である」（浅川 1994：22-123）．どちらの理論がより有効に老いへの適応を説明できるのかについては，永い論争があった．だが，論争は老化のパターンは多様であるというきわめて常識的な帰結にとどまっているといわれる（袖井 1971）．言い換えれば「老後に活動から離脱することが幸せな人も，活動を続けることが幸せな人もいる，という平凡な決着をみた」のである（直井 1994：143）．ここで注目されるのが，老いへの適応を考える際に，「活動からの離脱か継続か」がひとつの鍵になっていることである．

　老いへの適応を考える時，先行研究での議論にも現れているように「活動」を軸にして，しばしばそれに参加できる高齢者を中心とした議論がなされてきたのではないだろうか．85歳以上の施設入所女性の高齢期社会化を議論した

春日（2001）も，『厚生白書』が提起する高齢者像は新しい像を提起しているかにみえるが，活動能力をできるだけ発揮し続けることが望ましく，その価値の適用年齢を延長したにすぎないことを指摘する．だが一方では，さまざまな理由で社会活動に参加できない人がかなり存在するのもまた事実である．『高齢社会白書　平成16年度版』では，学習・社会参加の活動に参加しなかった者がいることにも言及し，その理由として，「健康・体力に自信がないから」（男性32.9％，女性41.7％），「家庭の事情（病人等）があるから」（男性19.5％，女性23.9％）の割合が高いことを示している（図終-1）．一般に，誰しも高齢になればなるほど健康や体力の衰えは進行する．現在，活動に参加できている（参加している）高齢者であっても，彼らの意思に反して将来，活動に参加で

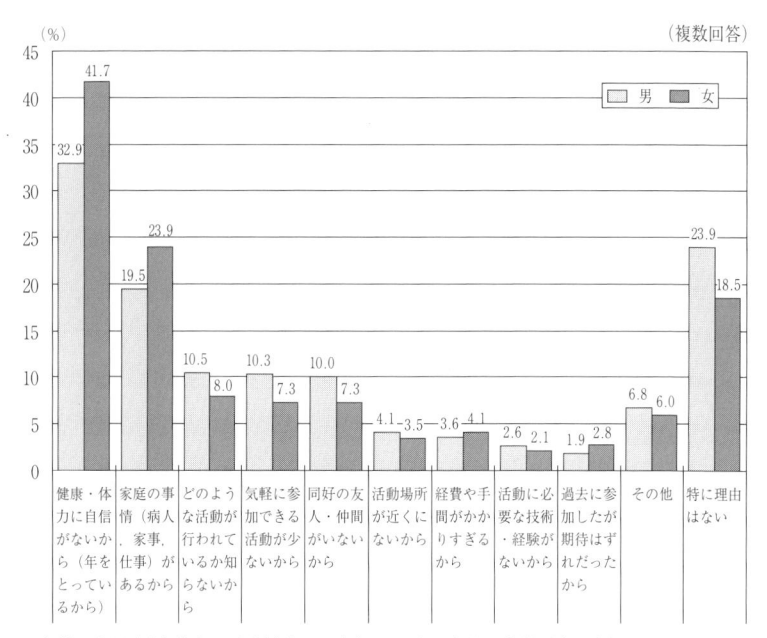

資料：内閣府「高齢者の地域社会への参加に関する意識調査」（平成15年）
注：全国60歳以上の男女を対象とした調査結果
出所：内閣府編（2004：44）

図終-1　活動に参加しなかった理由

きなくなることも十分に考えられる．「活動に参加できない（参加しない）高齢者がいかに老いへの適応を行い得るのか」もまた高齢者たちが活動に参加できるようにするのと同様に，あるいはそれ以上に高齢者にとって重要な意味をもつのではないだろうか．

　ここで私事ではあるが，4年前に他界した祖父の例をあげたい．死の1週間ほど前，病院に入院していた祖父のもとに従妹がお見舞いにやって来た．2人は幼い頃に互いの家族が一緒に生活していたこともあってきょうだいのように育った．祖父はその従妹を相手に，あの時はこうだった，ああだったと，小1時間とうとうと話し続けたのである．その話の内容には，娘である筆者の母も聞いたことがないようなものが多々あったというが，祖父とその従妹の間ではすぐわかり，つぎつぎに話が展開していく．その時の満足し，充実したような祖父の顔は忘れられないと，法事などの度にいつも話題にのぼる．

　これは極端な例かもしれないが，本研究で注目した高齢期の社会化は，活動に参加できる高齢者はもちろんのこと，活動に参加できなくなった高齢者や祖父のように死を目の前にしてベットに横たわっている高齢者でさえも行うことが可能である．その意味で，高齢期の社会化とは先行研究での「活動からの離脱か継続か」という議論にみられる両者の差異を包含するものと考えられる．すなわち，高齢者対策としてこれまで多く議論され，対策がなされてきた社会活動や生涯学習への参加・継続，あるいは不参加といったことをも包み込むようなものなのである．このことは例えば第7章で明らかにしたように，高齢期における社会活動をきょうだいとの「関係性の歴史」の延長上に，それと結びつけることによって自らの人生の持続性・累積性を生み出している高齢者がいたことにも現れている．

第3節 ── 諦念・成熟・自己受容

　高齢期における社会化とはまた，「豊かな老後」や「生きがい」のように必

ずしもプラスイメージを髣髴させるものばかりではない．しばしば「諦念」というようなものも含むよりニュートラルなものである．例えば第6章にて明らかにしたように，高齢者たちは「幼い頃の関わり」があったきょうだいや「ライフイベント／危機的状況において理解し，サポート」してくれたきょうだいとの関わりを通じて自らの人生の意味を再確認，再構築していた．この2つの要因は，高齢者たちに「現在の前に過去の子どもの頃のきょうだいがあ」ることに気づかせ，その彼らとの関わりが「お互いいろいろあったけど，もう通り過ぎたこと」と自らの人生を受け止めることを可能にし，「今を一層幸せにしてくれる」．このことはまた，後期高齢者を含む本調査の対象者たちでは幸福感全体ではやや低い傾向がみられる一方で，「年をとるということは若い時に考えていたより良くも悪くもなく同じである」とする人の割合が高かったという第5章での結果からもうかがえる．

　Eriksonは，人生の最後を「成熟期」ともいい，そこでの発達課題である「統合」の特徴には「人生の総括的把握」と並んで「責任をもって諦める能力」があげられている（青井 1997：8）．Clausen（1986=1987）は，あるがままの状況を受け入れること，諦念することが適応だという．つまり，今となっては変更困難な過去の出来事も「もう通り過ぎたこと」なのだと諦念できた時，高齢者たちはその出来事も含めて自らの人生を受容することが可能となるのである．生涯に渡るアイデンティティが成熟しようとする時，高齢者たちは自分自身の中に起こった変化に注目するようになる（Erikson 1986=1990：148）．成熟とは，何も特別なことではなく「自分なりに変わった」という感覚をもてるようになることだともいえる．だが，成熟した人とそうでない人を分ける明確な一線はどこにもない．自分が成熟した人間かどうかを知るためには，自分がそれにふさわしい個人的経験の歴史を体現していることを，自分自身も含めて人々に納得させなければならないのである（Plath 1980=1985：5-6）．そこには，2つの「折り合い」が含まれる．人生を再吟味することを通しての過去との折り合いと，過去との折り合い内容をめぐっての他者との折り合いである．アイデンティ

ティの統合がもつこのような特質をふまえ，井上（1996）は人生を物語として捉える．私たちは，自分の物語を他者に向かって語りかけざるをえない．なぜなら，他者からの批准が得られなければ，せっかくの物語も，幻想や妄想にとどまり，社会的な効力をもたないためである（井上 1996：25）．

すでに指摘したように，現代の高齢者たちは長期化した第二の人生期間において誰と関わっていくのかを自ら選択する存在へと変化している．高齢者を取り巻く人間関係の中でもきょうだいとの関係は，幼少期から高齢期に至る長期的な関係になりうる．長期的な関係においては過去から現在までを含めた自己の人生評価を行うことが可能となる．このきょうだいとの関係が，現代の私事化状況のただ中にあって，自らの人生の最終確認という，いわば高齢期の発達課題を個人的にクリアしなければならない高齢者達自身のニーズを充たすものとして選択されているのだと考えられる．それは，「年月を経て，だんだんと自分の先が見えてきた時に，自分は何だったんだろうかと思う時に，ああ，やっぱり自分のルーツは親・きょうだい，そういうものなんだなぁって」と語るインフォーマントの言葉にも表れていることはすでに指摘した通りである（第6章）．

高齢期の人間関係がもつ特に重要な機能として「意味と連続性を提供してくれる」ことがあった（第2章）．この重要な機能は「連伝記（co-biography）」と呼ばれ（Plath 1985），そこでは「持続と累積」が強調される．第7章では，この「持続と累積」のされ方には時間の流れに沿った方向だけでなく，時間の流れとは逆の方向から捉えられるものもあることが見出された．だとするなら，「連続性」とはいったい「何が」つながることなのか．それは，個々の出来事が起こった「時」ではなく，それらがもつ「意味」がつながるのである．だからこそ，ライフコース上のさまざまな出来事にどのような意味を付与するのかが重要になる．高齢者たちは，波乱の多かった長い人生のさまざまな経験を，ひとつの意味のあるパターンにまとめ上げたいというニーズをもつ．過去を思い出し，一見，共通点のないように思われる多くの要素を一緒に織り込み，意味の明瞭な全体へと

統合する．統合の際には，時に実際に起こった順序でさえも前後しながら，ライフコース全体において個々の出来事がもつ意味が整序される．かつては苦しい経験であった出来事の環境が，年月を経るうちに人生全体の一部として新しい意味をもつようになることもある（Erikson 1986＝1990）．意味の連続性においては，時間もまた大きな作用を及ぼすのである．

第4節 ── 成熟とコンボイネットワーク

　第2章では，ライフコースアプローチとネットワークアプローチを統合させることによって，コンボイ達の関係性の変化に時間が及ぼす作用を組み込んだコンボイネットワークモデル（図2-2）を提示した．このモデルの注目する「持続と累積」「ネットワーク」という2つの視点は，高齢期の社会化における何を新たに浮かび上がらせたのか．具体的に第6章，第7章で分析したAさん達きょうだいのコンボイネットワークの変遷を辿りながら，そこにはたらく具体的作用を再確認しつつみていくことにする．

　Aさん達きょうだいのコンボイネットワークの変遷とそのメカニズムを具体的に図示したのが，図終-2である．例えば第6章第3節4．で「高齢期活性型きょうだい関係」として分析した，幼い頃にはあまり関わりのなかった妹（五女）との関係が高齢期において活性化していた三女のBさんの事例を思い出してもらいたい．Bさんは妹（五女）との幼少期の頃の関係を「振り返り」，妹が自分自身の記憶にない昔のことをいまだに思ってくれているということを知って，それを「嬉しいこと」だと語っていた．他にも，「振り返り」を通しての妹（五女）との関わりの中で，子どもの頃はわからなかったことがわかったり，今まで感づかなかったことを感じたりしていた．これらは全てBさんに「変わった」という感覚，すなわち成熟の感覚をもたせているのではないだろうか．それだけではない．時間はまた，意味の連続性に対して別の作用を及ぼす．時間が「忘れていたことを思い出す」ことを可能にするのである．「忘れていたこ

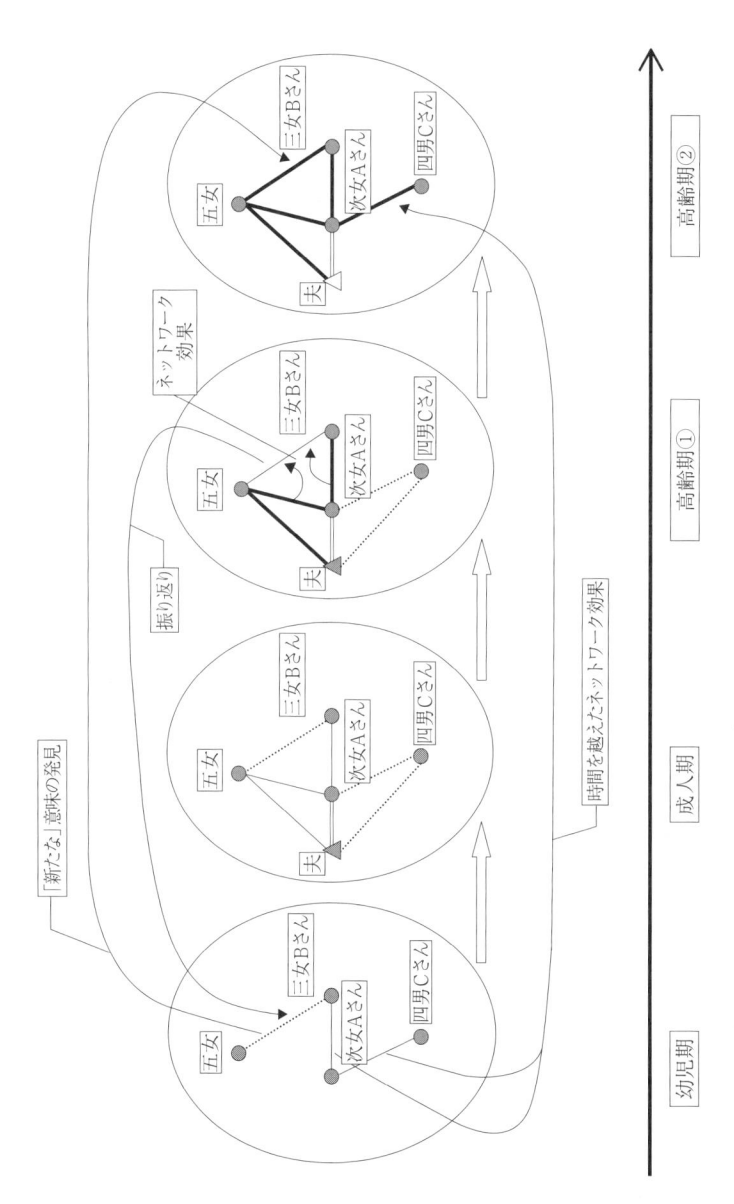

図終-2 コンボイネットワークモデルによるきょうだい達の「関係性の歴史」とそのメカニズム

終章　老いと成熟をめぐる新たな視点

とを思い出す」ことも，忘れていた当人にとっては「新たな」意味の発見なのである．時間のもたらす「変わった」という感覚や「新たな」意味の発見，そしてそれらを共有することが，一方では関係の活性化を促し，もう一方ではBさんの語る「つながっていった」という連続性の実感として現れていたのではないだろうか．

またそれは二者関係の中にとどまるわけでなく，きょうだい達それぞれの時間が投影されるような複雑な時間の重層構造もみられる．例えば，第6章第3節3．で「再活性型きょうだい関係」として分析した次女Aさんと四男Cさんの事例である．Cさんの中で，自分を看病し助けてくれたという姉Aさんと自分との間の過去の出来事と，姉Aさんが働いて姉Bさんの進学を助けたという2人の姉の間の過去の出来事とが，同じ意味をもつ出来事として結びつけられることで関係が活性化していた．意味の連続性という観点から捉え直せば，いわば時間を越えた「ネットワーク効果」である．当事者二者間にある「関係性の歴史」だけでなくその相手と他のきょうだいとの間の「関係性の歴史」の認知，それらを結びつける媒介的なきょうだいの存在も「意味の連続」にとって重要なのである．きょうだい関係の高齢期における活性化メカニズムと，人生を振り返り，出来事の「新たな」意味を発見し，それらが連続性をもつよう整序されることによって成熟が得られるプロセスとは密接にリンクしている．

以上の有様こそが，コンボイネットワークモデルをきょうだい関係に援用することによって初めて浮かび上がってきた高齢期における社会化のエージェントとしてのきょうだいの具体的様相なのである．

第5節 ── 高齢期における社会化のゆくえ

現代の高齢者は，従来のように長男夫婦と同居し介護される高齢者，あるいは扶養される高齢者ばかりではなく，「生」を生きる高齢者である．ただ，同じ「生」を生きていても，その生き方は他の世代とは異なる．なぜなら，それ

が「何十年と生きてきた自己」に基づき，それと折り合いをつけた「生」の生き方だからである．Eriksonらは高齢期の生き方について次のようにいう．「過去と融和するというこの過程こそが，緊張と課題に出会いつつ生きていく生き方の真髄なのである」(Erikson et al. 1986 = 1990：110) と．

　この点で，今日，「豊かな老後」の実現を目指して進められている高齢期における社会参加や社会活動も，きょうだいとの関わりの中で高齢者自身が行う「老い」への適応の有り様と深く結びついているのである．そしてそこに現代の高齢者にとって欠かすことのできないきょうだい関係のもつ機能がある．こう考えるなら，高齢期における社会化のエージェントとしてのきょうだいの存在は，高齢者にとってこれまで以上に重要な現代的意味をもつものになるのである．

　しかしながら，本研究で明らかにしてきたきょうだい関係を中心としたコンボイネットワークは今後，変移していくことも考えられる．例えば，少子化に伴うきょうだい数の減少がある．すなわち，コンボイネットワークを構成するメンバーの数が変わっていく可能性である．しかし，きょうだい数が減るといってもその重要性が減るわけではなく，内容が変化するということである．きょうだい数の減少によって年齢幅は縮小し，きょうだい達は幼い頃から男女の間でさえも同輩仲間のように振る舞い，連帯意識を強めるかもしれない (Chudacoff 1989 = 1994)．あるいは，コンボイネットワーク全体の中で戦前の家族制度下で培われてきたきょうだいや配偶者，子どもとの「関係性の歴史」よりも，戦後のそれの比率が高まることで各関係の持つ機能が変化するかもしれない．さまざまな部分で変移が起きる時だからこそ，今後その変移の中で高齢期の社会化を追究していく際には，本研究が示した「関係性の歴史」からのアプローチがより一層有効性を増すこととなろう．

文　　献

―A―

青井和夫，1985,「人生行路と人間の成熟——プラースの場合」森岡清美・青井和夫編著『ライフコースと世代』垣内出版，97-128.

―――,1997,「白秋・玄冬の社会学」井上俊・上野千鶴子・大澤真幸・見田宗介・吉見俊哉編『成熟と老いの社会学』岩波書店，1-26.

浅川達，1994,「生活観と地域特性」森岡清志・中林一樹『変容する高齢者像——大都市高齢者のライフスタイル』東京都立大学出版会，119-139.

安達正嗣，1999,『高齢期家族の社会学』世界思想社．

―――,2001,「高齢者のきょうだい関係の日米比較にむけて——NSFH調査（第一次）とNFR調査のデータ分析を中心に——」日本家族社会学会全国家族調査研究会『認知された家族ときょうだい関係』NFR98 報告書No. 2-5, 69-82.

―――,2004,「高齢者のきょうだい関係」渡辺秀樹・稲葉昭英・嶋﨑尚子編『現代家族の構造と変容——全国家族調査［NFR98］による計量分析』東京大学出版会，310-323.

鯵坂学・湯浅俊郎・星眞理子・吉原千賀・杉本久未子，2001,「都市―農村関係と都市移住者——石川県小松市出身者を中心として——」『同志社社会学研究』第5号，1-68.

アルコール問題全国市民協会編，1998,『Be! 増刊号　きょうだい・一人っ子〔公開ミーティングシリーズ〕私の根っこにある人間関係』No. 7, December.

Allan, G., 1977, "Sibling Solidarity", *Journal of Marriage and the Family*, 39, 177-184.

―――, 1979, *Sociology of Friendship and Kinship*, London Allan & Unwin.

―――, 1989, *Friendship: Developing A Sociological Perspective*, Harvester Wheatsheaf.（＝1993, 仲村祥一・細辻恵子訳『友情の社会学』世界思想社．）

Allen, K. R., Blieszer, R. & Roberto, K. A., 2000, "Families in the Middle and Later Years: A Review and Critique of Research in the 1990s", *Journal of Marriage and the Family,* 62: 911-926.

Antonucci, T. C. & Akiyama, H., 1987, "Social Networks in Adult Life and a Preliminary Examination of the Convoy Model", *Journal of Gerontology*, Vol. 42,

No. 5, 519-523.

― B ―

Barns, J. A., 1969, "Networks and political process", In Mitchell, J. C. (ed.), *Social Networks in Urban Situations: Analysis of Personal Relations in Central African Towns*, Manchester University Press, 51-76.（=1983,「ネットワークと政治的過程」三雲正博ほか訳『社会的ネットワーク――アフリカにおける都市の人類学――』国文社.)

Berger, P., Berger, B. & Kellner, H., 1973, *The Homeless Mind ; Modernization and Consciousness*, Random House.（=1977, 高山真知子・馬場伸也・馬場恭子訳『故郷喪失者たち――近代化と日常意識』新曜社.)

Boissevain, J. 1974, *Friends of Friends*, Basil Blackwell and Mott LTD.（=1986, 岩上真珠・池岡義孝訳『友達の友達』未来社.）

Bronfernbrenner, U., 1979, *The ecology of human development: Experiments in nature and by design*, Cambridge, MA : Harvard University Press.（=1996, 磯貝芳郎・福富護訳『人間発達の生態学』川島書店.)

――――, 1979, "Context of Child Rearing: Problems and Prospects", *American Psychologist*, 34.（=1981, 小嶋秀夫訳「子育てを取りまく情況――その問題と展望―」小嶋秀夫監訳『現代児童心理学・2 家族の変貌と子ども』金子書房, 7-27.）

― C ―

Campbell, L. D. & Connidis, I. A., 1999, "Sibling Ties in Later Life - A social Network Analysis", *Journal of Family Issues*, Vol.20, No.1, 114-148.

Cantor, M., 1979, "Neighbors and friends: An overlooked resource in the informal support system", *Research on Aging*, 1, 434-463.

Chappell, N., 1983, "Informal support among the elderly", *Research on Aging*, 5, 77-99.

Chudacoff, H. P., 1989, *How old are you ? : Age Consciousness in American Culture*, Princeton University Press.（＝1994，工藤政司・藤田永祐訳『年齢意識の社会学』法政大学出版局．）

Cicirelli, V. G., 1985, "Sibling relationships throughout the life cycle", In Luciano L'Abate (ed.), *The Handbook of Family Psychology and Therapy*, Homewood, IL:Dorsey Press:177-214.

―――, 1989, "Feelings of attachment to siblings and well-being in later life", *Psychology and Aging*, 5, 458-466.

―――, 1996, "Sibling Relationships in Middle and Old Age", Gene, H. Brody (Ed.), Sibling *Relationships: Their Causes and Consequences*, New Jersey: Ablex Publishing Corporation, 46-73.

Clausen, J. A., 1986, *The Life Course : A Sociological Perspective*, Prentice-Hall Inc.（＝1987，佐藤慶幸・小島茂訳『ライフコースの社会学』早稲田大学出版部．）

Connidis, I. A. & Campbell, L. D., 1995, "Closeness, Confiding and Contact Among Siblings in Middle and Late Adulthood", *Journal of Family Issues,* 16, 722-745.

Crouter, A. C., Manke, B. A. & Mchale, S. M., 1995, "The Family Context of Gender Intensification in Early Adolescence", *Child Development*, 66, 317-329.

― D ―

Daniels, D., Dunn, J., Furstenberg, Jr. F. F. & Plomin, R., 1985, "Environmental Differences within the Family and Adjustment Differences within Pairs of Adolescent Siblings", *Child Development*, 56, 764-774.

― E ―

Erikson, E. H., Erikson, J. M. & Kivnick, H. Q., 1986, *Vital Involvement in Old Age*, W. W. Norton & Company, N. Y.（＝1990，朝長正徳・朝長梨枝子訳『老年期』みすず書房．）

Elder, G. H.,1974, *Children of the great depression: Social Change in Life Experience*,

The University of Chicago. (=1986, 本田時雄・川浦康至ほか訳『新版　大恐慌の子どもたち——社会変動と人間発達——』明石書店.)

―――, 1978, "Approaches in Social Change and the Family", Demos, J. & Boocock, S. S. (eds.) *Turning Points; Historical and Sociological Essays on the Family*, the University of Chicago Press, 1-38.

―F―

福田孝子・依田明, 1986,「ふたりきょうだいにおけるきょうだい関係 (2) ―幼児期・児童期におけるきょうだい関係認知の発達的変化―」『横浜国立大学教育紀要』第 26 集, 143-155.

藤崎宏子, 1998,『高齢者・家族・社会的ネットワーク』培風館.

藤田利治・大塚俊男・谷口幸一, 1989,「老人の主観的幸福感とその関連要因」『社会老年学』29, 75-85.

―G―

Goetting, A., 1986, "The Developmental Tasks of Siblingship over the Life Cycle", *Journal of Marriage and the Family*, 48, 703-714.

Gold, D. T., 1987, "Sibling in old age: Something special", *Canadian Journal on Aging*, 6 (3), 199-215.

―H―

Hareven, T. K., 1982, *Family time and industrial time: the relationship between the family and work in a New England industrial community*, New York: Cambridge University Press. (=1990, 正岡寛司監訳『家族時間と産業時間』早稲田大学出版部.)

浜治代・三根久代・三根浩・松山義則, 1987,「きょうだい構成および出生順位と人格変数との関係――MMPIを用いて――」『心理学研究』58 (2), 105-108.

浜崎信行・依田明, 1985,「出生順位と性格 (2) 3人きょうだいの場合」『横浜国立

大学教育紀要』25, 187-196.

浜口恵俊, 1979, 『日本人にとってキャリアとは──人脈のなかの履歴──』日本経済新聞社.

早川孝子・依田明, 1983, 「ふたりきょうだいにおけるきょうだい関係」『横浜国立大学教育紀要』23, 81-91.

― I ―

飯野晴美, 1990, 「きょうだい関係」『昭和薬科大学紀要』24, 123-130.

───, 1994, 「きょうだい関係スケール」『明治学院論叢』541, 189-109.

井上俊, 1996, 「物語としての人生」井上俊・上野千鶴子・大澤真幸・見田宗介・吉見俊哉編『ライフコースの社会学』岩波書店, 11-27.

石原邦雄, 2001, 「NFR98と現代日本家族の分析──中間的成果と今後の課題──」『家族社会学研究』13 (1), 9-20.

石村貞雄, 2001, 『SPSSにおけるカテゴリカルデータ分析の手順』東京図書株式会社.

磯貝芳郎編, 1982, 『子どもの社会心理3 社会』金子書房.

伊藤則博・平手智子・伊藤由美, 1984, 「幼児期のきょうだい関係──きょうだい間の認知像と関係の質──」『北海道教育大学紀要』第一部C 教育科学編（北海道教育大学編）35 (1), 73-84.

岩井勇児・松井直美, 1993, 「2人きょうだいの出生順位と性格──兄弟・兄妹・姉弟・姉妹による違い──」『愛知教育大学研究報告』42（教育科学編）, 41-53.

岩井勇児, 1995, 「2人きょうだいの出生順位と性格（続報）──長子的性格, 次子的性格への疑問」『愛知教育大学研究報告』44（教育科学編）, 91-100.

― J ―

Jerrome, D., 1981, "The significance of friendship for women in late life", *Ageing and Society*, 1, 175-197.

Johnson C. L., Barer B. M., 1997, *Life beyond 85 years : The aura of surviorship*, New York:Springer.

Johnson C. L., 2000, "Kinship and gender", In Demo, D. H., Allen, K. R., Fine, M. A. (ed.), *Handbook of family diversity*, New York:Oxford University Press, 128-148.

―K―

Kahn, R. L. & Antonucci, T. C., 1981, "Convoys of Social Support : A Life-Course Approach", In Kiesler, S. B. et al. (eds.), *Aging: Social Change*, Academic Press, 383-405.

金山富貴子・笹山郁生, 1997,「『きょうだい型』ステレオタイプの検討」『福岡教育大学紀要』46 (4), 209-220.

春日キスヨ, 2001,「変容する『家族』と高齢期社会化の諸相――施設入所85歳以上高齢女性の語りを手がかりとして――」『安田女子大学 生涯学習論集』4, 79-90.

家庭総合研究会編, 1990,『昭和家庭史年表』河出書房新社.

河畠修, 2001,『高齢者の現代史』明石書店.

厚生労働省大臣官房統計情報部編, 2006,「平成16年国民生活基礎調査 第1巻」財団法人厚生統計協会.

小嶋秀夫, 1982,「家庭の社会心理学」裕宗省三編『子どもの社会心理1 家庭』金子書房, 239-267.

―L―

Lawton, M. P., 1975, "The Philadelphia Geriatric Center Morale Scale", *Journal of Gerontology*, 30, 85-89.

―M―

前田大作・浅野仁・谷口和江, 1979,「老人の主観的幸福感の研究――モラール・スケールによる測定の試み――」『社会老年学』11, 15-31.

前田大作・野口裕二・玉野和志・中谷陽明・坂田周一・Jersey Liang, 1989,「高齢者の主観的幸福感の構造と要因」『社会老年学』30, 3-16.

前田信彦, 1993, 「都市家族の世代間ネットワークに関する研究」『日本労働研究機構研紀要』5, 1-32.

正岡寛司・嶋﨑尚子, 1999, 『近代社会と人生経験』放送大学教育振興会.

McHale, S. M. & Gamble, W. C., 1989, "Sibling Relationships of Children With Disabled and Nondisabled Brothers and Sisters", *Developmental Psychology*, 25, 421-429.

McHale, S. M. & Crouter, A. C., 1992, "You Can't Always Get What You Want: Incongruence Between Sex-Role Attitudes and Family Work Roles and Its Implications for Marriage", *Journal of Marriage and the Family*, 54, 537-547.

―――, 1996, "The Family Contexts of Children's Sibling Relationships", In Gene H. Brody (ed.), *Sibling Relationships: Their Causes and Consequences*, New Jersey: Ablex Publishing Corporation, 173-195.

松本通晴・丸木恵祐編, 1994, 『都市移住の社会学』世界思想社.

三木安正・天羽幸子, 1954, 「双生児にみられる兄弟的性格差異と家庭での取扱い方」『教育心理学研究』2 (3), 141-149.

三木安正・木村幸子, 1954, 「兄的性格と弟的性格――双生児研究その一――」『教育心理学研究』2 (2), 1-10.

森下正康・山口政子, 1992, 「パーソナリティーときょうだい関係」『和歌山大学教育学部紀要・教育科学』41, 85-101.

森岡清志, 2000, 『都市社会の人間関係』放送大学教育振興会.

―N―

内閣府編, 2004, 『高齢社会白書（平成16年版）』.

直井道子, 1990, 「都市居住高齢者の幸福感――家族・親族・友人の果たす役割――」『総合都市研究』39, 149-159.

―――, 1994, 「余暇行動と幸福感」森岡清志・中林一樹『変容する高齢者像――大都市高齢者のライフスタイル』東京都立大学出版会, 141-157.

野尻依子, 1974, 「現代家族の社会的ネットワーク――パス解析の応用」『社会学評論』

25 (2), 37-48.

—O—

O' Brayant, S., 1988, "Sibling support and older widows' well-being", *Journal of Marriage and the Family*, 50, 173-183.

—P—

Plath D.W.,1980, *Long Engagements: Maturity in Modern Japan*, Stanford University Press.(=1985, 井上俊他訳『日本人の生き方――現代における成熟のドラマ――』岩波書店.)
――――, 1985,「残暑の話」『民俗学研究所紀要（成城大学）』9, 21-37.
プラス・デイビット, 1987,「弧・円・球――自己の生涯設計」ロス・マオア, 杉本良夫編著『個人間人日本人――ジャパノロジーを超えて』学陽書房, 158-196.

—Q—

Quittner, A. L. & Opipari, L. C., 1994, "Differential Treatment of Siblings :Interview and Diary Analyses Comparing Two Family Contexts", *Child Development*, 65, 800-814.

—S—

斎藤和志・廣岡秀一・平林進・吉田俊和, 1990,「きょうだい間の対人的態度に関する研究――優位性の型による分析を通して」『名古屋大学教育学部紀要・教育心理学科』37, 163-180.
桜井厚, 2002,『インタビューの社会学』せりか書房.
清水新二, 1990,「老人とアルコール問題」『アルコール医療研究』7 (3), 193-197.
篠原弘章・井上大介, 1991,「両親の養育態度が児童の自己教育力に及ぼす影響について――とくに友人やきょうだいの賞賛・叱責場面について」『熊本大学教育学紀要・人文科学』40, 305-324.

Simons, R. L., 1983-1984, "Specificity and substitution in the social networks of the elderly", *International Journal of Aging and Human Development*, 18, 121-139.

袖井孝子, 1971, 「社会老年学の理論と定年退職」副田義也編『講座老年社会学Ⅰ 老年世代論』垣内出版, 102-140.

―T―

高橋勇悦・和田修一, 2001, 『生きがいの社会学』弘文堂.

高井清子, 1993, 「ひとりっ子に関する研究 (1) ――きょうだい構成と友人関係に関して――」『日本女子大学紀要　家政学部』(40), 15-19.

竹中星郎, 2000, 『高齢者の孤独と豊かさ』日本放送出版会.

Thompson, P., 2000, *The Voice of the Past : Oral History* Third Edition, Oxford University Press. (=2002, 酒井順子訳『記憶から歴史へ　オーラル・ヒストリーの世界』青木書店.)

―W―

渡辺秀樹, 1993, 「社会化」森岡清美・塩原勉・本間康平編『新社会学辞典』有斐閣, 596.

Wilson, J. G., Calsyn, R. J. & Orlofsky, J. L., 1994, "Impact of sibling relationships on social support and morale in the elderly", *Journal of Gerontological Social Work*, 22 (3/4), 157-170.

―Y―

依田明, 1967, 『ひとりっ子・すえっ子』大日本図書.

――――, 1990, 『きょうだいの研究』大日本図書.

依田明・深津千賀子, 1963, 「出生順位と性格」『教育心理学研究』11, 239-246.

依田明・飯嶋一恵, 1981, 「出生順位と性格」『家庭教育研究所紀要』2, 23-29.

吉原千賀, 2001, 「きょうだい研究の展開と課題――『静態的』研究から『動態的』研究へ――」『奈良女子大学人間文化研究科年報』16, 291-304.

―――――, 2002, 「高齢期きょうだい研究にむけての理論的枠組みの構築」『奈良女子大学社会学論集』9, 93-108.

―――――, 2003a, 「高齢期におけるきょうだい関係――活性化とその要因――」『家族社会学研究』15 (1), 37-47.

―――――, 2003b,「『関係性の歴史』からとらえた高齢期きょうだい関係」『家族関係学』22, 71-82.

―――――, 2004a, 「高齢者の主観的幸福感ときょうだい関係」『奈良女子大学社会学論集』11, 73-88.

―――――, 2004b, 「高齢期におけるきょうだい関係とその規定要因」『ソシオロジ』150, 109-125.

―＊―
＊＊＊, 1986, 『X県の百年』山川出版.

欧 文 索 引

A
Aging Families 23,119
Allan,G. 44,51,55,58,96,134,154

B
Barns,J.A. 57
Boissevain,J. 62
Bronfenbrenner,U. 39-40,42,46

C
Cantor,M. 82,164
Cicirelli,V.G. 23,101,112,165
Clausen,J.A. 170
Convoy Mapping Procedure 59
Crouter,A.C. 40-44

E
Elder,G.H. 44-45
Erikson,E.H. 3,20,134,154-155, 170-172,175

G
Gold,D.T. 81,83

H
Hareven,T.K. 45

J
Jerrome,D. 50-51,120

J
Johnson,C.L. 121

K
Kahn,R.L. 59-60

M
McHale,S.M. 40-41

N
NFRJ98 81,87-89
NSFH（全米家族調査） 81,87-89

P
P.G.C. モラール尺度（the Phiradelphia Geriatric Moral Scale） 100-101
Plath,D.W. 53-57,59-63,134,153, 160,170-171

S
Simons,R.L. 97
Star 26,57-58,61-62,75-76,161,164

T
TAT（絵画統覚性格検査） 32,34-35
The Aging Family 23,119

W
Well-being 101,112,165,167
Wilson,J.G. 81

和 文 索 引

あ　行

アイデンティティ　3,55,134,170
　　——の統合　20,170-171
アジアの急速な高齢化　3
安達正嗣　71,79,81,83-84,89
「新たな」意味の発見　28,172-174
飯野晴美　33-36
生きがい　99,169
磯貝芳郎　38-39
伊藤則博　33-34
井上俊　170-171
意味　96,171-174
意味づけ　21,54,138-139,154,156,163,166
　　——プロセス　20,24,144-147,153-154
意味の連続（性）　172,174
N＋2関係　40,43
「老い」への適応　167,175
幼い頃の関わり（度合い）　124-125,129,134
　　——要因　131-135,163
折り合い　170,175
女きょうだい　83,95,101,112,165

か　行

格上げ（upgrade）　121
確認（identification）　21,53-55,134,155
「確認」「正当化」「予測」　25,63,134,138,144-145,160
加重累積的相互作用　27,127,132,162
春日キスヨ　167-168
家族　4,24,119
　　——コンテクスト　40-43
　　——の社会的ネットワーク　57
　　——の多様化　23,119
活性化　27,120,137,174
活性型きょうだい　121
活動理論（activity theory）　167
加齢　23,35,45,49,115,119-120,129
環境　39-40,44,46-47,116

　　——要因　38
関係意識　26,85,89,97,116,162
関係活性化　27,121
関係性の歴史　3-4,25-26,51-52,54,56,76,97,116,138-139,155,160,162-163,166-167,169,174-175
関係の再編成　63
危機的な出来事　143,145
きょうだい　3,23-24,50-52,71,79,126,135
きょうだい関係　63,112,150,175
　　——の加齢にともなう変化　37
　　——の類型化　32,35
きょうだいデータセット　75,120,135
きょうだいとの選択的な関わり　115
共有　25,51
継続活性型　121
経歴発達（career development）　52
構造的なチャンス（structured chance）　58
合同インタビュー　27,76,138
幸福感（well-being）　167
高齢化　19,135
高齢期　3,19,49-52,63,119-120,137-138
　　——における社会化のエージェントとしてのきょうだい（関係）　24-26,56,160-161,165,174-175
　　——における人生の再考・意味づけプロセス　115,159
　　——のきょうだい　63
　　——の社会化　24,56,117,160,169,172,175
　　——の人間関係　165
高齢期活性型　121,127
　　——きょうだい関係　130-132,134,172-174
高齢者　19-23,54-55,174-175
　　——の生きがい対策　113,167
高齢人口の女性化　3
小嶋秀夫　38
個別インタビュー　27,75,138
コンテクスト　25,37,40-44,159
コンボイ（convoy）　25,53-57,59-62,

76,78,134-135,138,156,160
　——システム（モデル）　59-62
　——としてのきょうだい　56,135
　——ネットワーク（モデル）
25-28,61-63,68,75-76,160,172-175

● さ 行

（再）活性化　120,133
再活性型　121
　——きょうだい関係　127-132,
173-174
斉藤和志　33
桜井厚　135
サポート・ネットワーク　58
時間　59,116,172,174
　——的変化　63
　——の奥行き（time depth）　4,53-54,
62-63,133-134,137,153-155
　——の重層構造　163,174
　——の流れ　127,137,153,171
　——を越えたネットワーク効果
28,173-174
自己確認　134
自己受容　28,169-172
自己物語　134
私事化　135,171
持続性・累積性　27,53,56,63,134,169
持続的な自己イメージ
53
持続と累積　25,153,160,163,171
　——の要素　56,62,134,153
篠原弘章　42
シブリングネットワーク
（sibling network）　75,129,148
清水新二　21,135
社会化　19-20
社会活動　112-113,155,166,169
　——状況　73-74,78
社会参加や社会活動　175
社会状況の追体験　28,144,163
社会的経歴（social career）　52-53
重要な他者　55-56
主観的幸福感（subjective well-being）

24,99-100,114-115,162,165-166
主観的選択　23,119,126
出生順位　32,71-72,161
少子化　175
　——社会　3
承認　21
人生の意味を再確認・再構築　135
137,156,170
人生の振り返り　156,174
親族　101,113,165
人的ネットワーク　52
成熟　19,53,55-56,59-60,63,134,170,172,
174
「成熟のレトリック（the rhetoric of
maturity）」（活動）　28,54,75,134,
138,156,160,163
生殖家族　79
生態学的視角　39
「静態的」　26,43
　——きょうだい研究　25,37,43,159,
161
正当化（justification）　54,134
「生の確証」というフィードバック
55
性別構成　32,73
接触（contact）　26,81,95,161
　——頻度　81-82,135
潜在化　62-63,127
全米家族調査
（National Survey of Families and
Households）　81,87-89
相互作用のプロセス　121
双生児研究　31-33
袖井孝子　167

● た 行

大衆長寿　53
団塊ジュニア世代　3
団塊の世代　3,19
長期化した第二の人生　23
長寿高齢化　3,23-24,79,119,159,167
通過儀礼　20-21,56
定位家族（関係）　79,155

索　引　193

諦念　　28,169-170
適応　　170
データセット　　132
投射　　154
動態的　　46,63
　　──研究　　25

● な 行

直井道子　　101-103,167
二次的効果（second order effect）　　40,42
人間関係　　25,164,171
　　──状況　　21,73
認知　　28,32-33,132,164,174
ネットワーク　　25,45,49,57,59,61-63,160
　　──アプローチ　　46,49-50
ネットワーク効果（network effect）　　58-59,173-174
年齢集団　　20,62
野尻依子　　57-58

● は 行

媒介的なきょうだいの存在　　27-28,131-132,164,174
ハイラーキー代償（the hierarchical-compensatory）仮説　　82,95-96,115,164-165
発達課題　　3,135,170-171
発達研究　　37-38
浜口恵俊　　52-53
浜治代　　35
非活性型きょうだい　　121
非血縁者のきょうだい化　　121
一人っ子政策　　3

藤崎宏子　　19,50,120
藤田利治　　112
文化的道筋（pathway）　　53

● ま 行

モデルなき高齢期　　3,19,24
物語　　4,170-171
モラール　　96,100
森下正康　　35-37

● や 行

友人　　51-52,89,96,113,165
　　──関係　　55,164
豊かな老後　　169,175
「幼少期の関わり度合い」「ライフイベント/危機的状況での理解・サポート」の2要因　　132-135,137
予測（projection）　　54,134
依田明　　32-35

● ら 行

ライフイベント　　139,144
　　──要因　　125-126,128,130-133
ライフコース　　4,49,52,144
　　──アプローチ　　45-46,52
　　──の交錯　　143-144,163
離脱理論（disengagement theory）　　167
リンケージ　　26,57-58,61-63,75-76,161
累積性　　156,166
ルーツ　　4,23
連続性　　25,28,51,96,147,154-156,163,166,171,174
　　──の付与　　54,138,144-147
連伝記（co-biography）　　134,171

筆者紹介

吉原　千賀（よしはら　ちか）

1974年　生まれ
2003年　奈良女子大学大学院人間文化研究科複合領域科学専攻単位取得満期退学
同　年　奈良女子大学生活環境学部人間環境学科生活文化学講座助手
現　在　奈良女子大学生活環境学部生活文化学科助手　学術博士（奈良女子大学）

主要論文

- 「きょうだい研究の展開と課題——『静態的』研究から『動態的』研究へ—」『人間文化研究科年報』第16号，291-304，2001年
- 「高齢期きょうだい研究にむけての理論的枠組みの構築」『奈良女子大学社会学論集』第9号，93-108，2002年
- 「高齢期におけるきょうだい関係——活性化とその要因——」『家族社会学研究』Vol.15 No.1，37-47，2003年
- 「『関係性の歴史』からとらえた高齢期きょうだい関係」『家族関係学』No.22，71-82，2003年
- 「高齢期におけるきょうだい関係とその規定要因」『ソシオロジ』第150号，109-125，2004年
- 「高齢者の主観的幸福感ときょうだいと家族」『奈良女子大学社会学論集』第11号，73-88，2004年
- 「情緒的サポート源としてのきょうだいと家族」『奈良女子大学社会学論集』第13号，195-208，2006年（澤口恵一・神原文子編『第2回家族についての全国調査（NFRJ03）第2次報告書No.2　親子，きょうだい，サポートネットワーク』日本家族社会学会全国家族調査委員会，195-207，2006年発行に転載）。

ほか

長寿社会における高齢期きょうだい関係の
家族社会学的研究

2006年9月30日　第一版第一刷発行

著者　吉　原　千　賀

発行者　田　中　千　津　子

発行所　株式会社　学　文　社

〒153-0064　東京都目黒区下目黒3-6-1
電話(3715)1501代・振替00130-9-98842

(落丁・乱丁の場合は本社でお取替します)　　・検印省略
(定価はカバーに表示してあります)　印刷/新灯印刷株式会社
©2006 YOSHIHARA Chika Printed in Japan　　ISBN4-7620-1599-7